"복잡한 부동산 세금 계산의 내비게이션"

주택·입주권 & 신축주택·분양권·건물 & 토지

세무사
양정훈 · 이나영 · 조근열 · 고현경

* 본문의 세제 관련 내용은 2022년 02월 15일 현재 세제 관련 법규에 따른 내용이므로 향후 세제 관련 법규의 변경에 따라 내용이 달라질 수 있습니다.
* 본문의 내용은 개인 소유의 주택, 조합원입주권, 토지 및 건물 관련 세제를 정리한 것입니다.

| 프롤로그 | **이 책의 구성과 특징** |

STEP 1

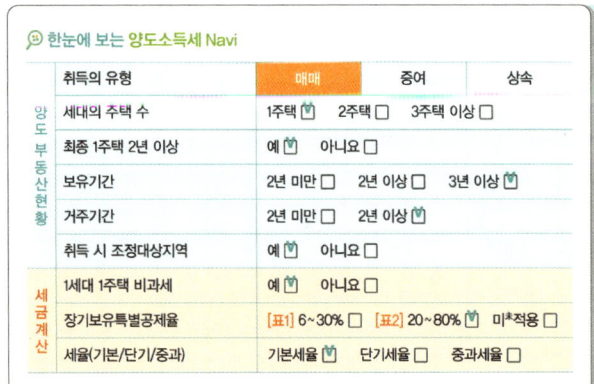

한눈에 보는
양도소득세(취득세) Navi

양도(취득) 부동산 현황
세액계산에 영향을 주는 기본적이고 필수적인 정보를 간단히 요약·정리한다.

세금계산(세율)
양도소득세는 각 사례에 맞는 1세대 1주택 비과세 여부, 장기보유특별공제율 및 세율 적용에 관하여 미리 검토하여 표시한다.
취득세는 각 사례에 맞는 취득세율과 농어촌특별세율 적용에 관하여 미리 검토하여 표시한다.

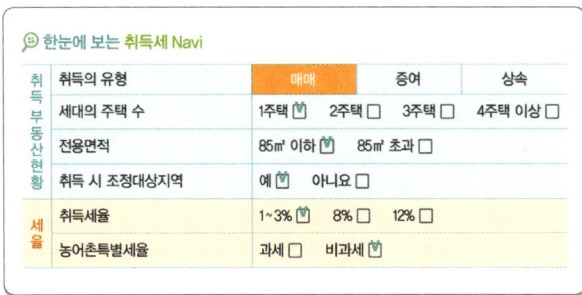

STEP 2

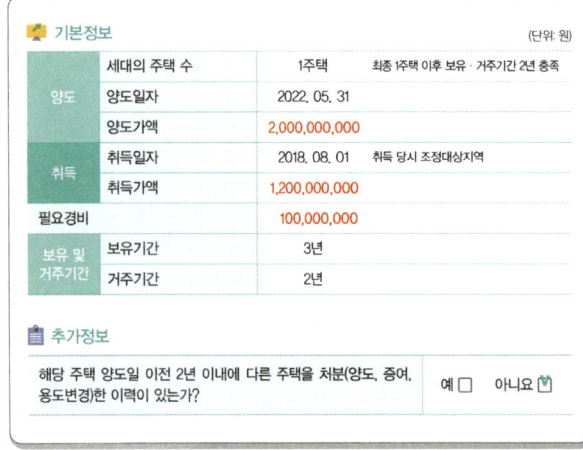

기본정보와 추가정보

기본정보
양도(취득)하는 부동산에 대해 세대의 주택 수, 양도일자, 양도가액, 취득일자, 취득가액, 필요경비, 보유 및 거주기간, 그 외 사례별로 검토에 필수적인 정보를 제공한다.

추가정보
세액계산 과정에서 유의해야 하는 특이사항을 제공한다.

STEP 3

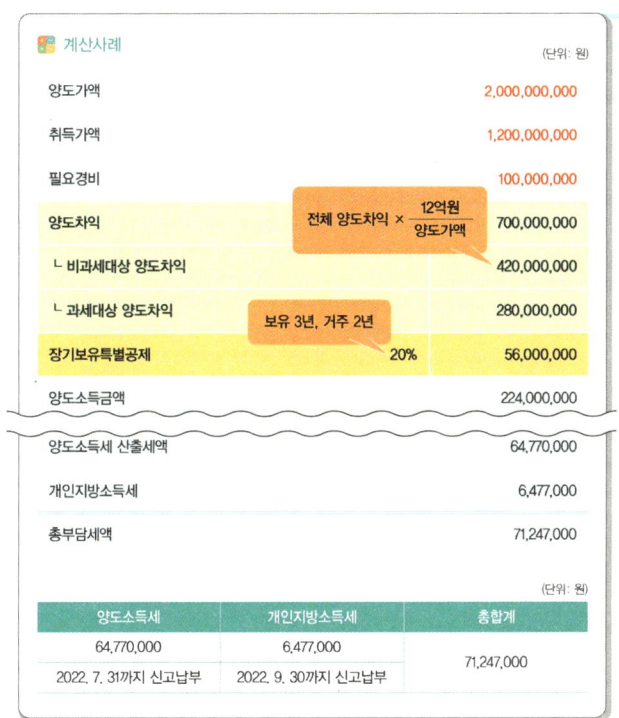

계산사례

- 기본정보 및 추가정보에서 제공하는 필수정보를 입력하면, 계산산식에 따라 산출된 양도소득세(취득세) 세액을 표시한다.
- 계산과정에서 결괏값에 대한 추가 설명이 필요하다고 판단되는 양도차익, 장기보유특별공제율, 세율, 감면세액 등에 대해서는 말풍선에 핵심내용을 별도로 정리한다.
- 세목별 부담세액 및 총부담세액과 세목별 납부기한을 표시한다.

STEP 4

One Point 1세대 1주택 '고가주택'

1 1세대 1주택 '고가주택'의 의미
- '고가주택'은 주택 및 이에 부수되는 토지의 양도 당시의 실지거래가액의 합계액이 12억원을 초과하는 것을 말한다.
- 다가구주택을 단독주택으로 보아 1세대 1주택 비과세 규정을 적용하는 경우에는 '고가주택' 규정 적용 시 다가구주택을 단독주택으로 취급하여 '고가주택' 여부를 판단한다.
- 지분 또는 분할 양도, 부담부증여의 경우 이전 방식에 관계없이 1주택 전체가액이 12억원을 초과하면 고가주택에 해당한다.

2 1세대 1주택 보유 및 거주기간 요건을 갖춘 '고가주택'의 양도차익
1세대 1주택 양도소득세 비과세 요건 중 보유기간 및 거주기간을 갖춘 '고가주택'의 양도차익은 다음과 같이 계산한다.

$$\text{고가주택 양도차익} = \text{전체 양도차익} \times \frac{\text{양도가액} - 12억원}{\text{양도가액}}$$

One Point

각 사례별 세액 계산과정을 명확히 이해하는 데 필요한 세법 지식과 관련 법규를 정리하여 제공한다.

프롤로그 | 이 책의 구성과 특징

📊 양도소득세 계산절차

	양도가액	실거래가액	
−	취득가액	실거래가액(실거래가액을 확인할 수 없는 경우는 환산취득가액)	
		가산항목	취·등록세, 법무사비용, 중개수수료, 채권할인료 등
		차감항목	감가상각비
−	필요경비	자본적 지출비용	발코니확장, 새시설치, 보일러설치, 교체비용 등
		양도비용	중개수수료 등
=	양도차익	비과세 양도차익	1세대 1주택 비과세
		과세 양도차익	양도차익 − 비과세 양도차익
−	장기보유 특별공제	1세대 1주택	[표2] 20~80%
		1세대 1주택 외⁽ᵏᵃ⁾	[표1] 6~30%
=	양도소득금액		
−	기본공제	250만원(연 1회)	
=	과세표준		
×	세율	기본세율	6~45% 누진세율
		단기보유세율	주택: 1년 미만 70%, 1~2년 미만 60% 주택 외⁽ᵏᵃ⁾: 1년 미만 50%, 1~2년 미만 40%
		중과세율 — 2주택	기본세율 + 20%p
		중과세율 — 3주택 이상	기본세율 + 30%p
		중과세율 — 비사업용 토지	기본세율 + 10%p
=	산출세액		
−	세액감면		
=	납부세액		

취득세 계산절차

취득세 = 과세표준 × 세율

주택 취득 유형		취득세 과세표준
유상취득		Max [취득가액[주1], 시가표준액[주2]]
무상취득	증여	시가표준액[주2] (2023년부터 시가인정액 원칙)
	상속	
원시취득	신축	Max [취득가액, 시가표준액[주2]]

주1) 주택분양권을 전매로 취득한 경우 프리미엄 또는 마이너스 프리미엄을 반영한 가액으로 한다.
주2) 주택의 시가표준액은 매년 4월 말일 공시되는 공동주택가격 및 개별주택가격이며, 주택가격이 공시되지 않은 주택은 지방자치단체가 산정한 가액으로 한다.

| 프롤로그 | 이 책의 **구성과 특징** |

📍 조정대상지역 지정 현황 (2021. 08. 30 기준)

구 분	조정대상지역 (112개 지역 지정 일자)
서울	전 지역(2017. 09. 06 지정 → 2017. 11. 10 효력 발생)
경기	과천시, 성남시, 하남시, 동탄2택지개발지구(2017. 09. 06 지정 → 2017. 11. 10 효력 발생) 광명시(2017. 09. 06 지정 → 2017. 11. 10 효력 발생) 구리시, 안양시 동안구, 광교지구(2018. 08. 28) 수원시 팔달구, 용인시 수지구·기흥구(2018. 12. 31) 수원시 영통구·권선구·장안구, 안양시 만안구, 의왕시(2020. 02. 21) 고양시, 남양주시[주1], 화성시, 군포시, 부천시, 안산시, 시흥시, 용인시 처인구[주2], 오산시, 안성시[주3], 평택시, 광주시[주4], 양주시[주5], 의정부시(2020. 06. 19) 김포시[주6](2020. 11. 20) 파주시[주7](2020. 12. 18) 동두천시[주8](2021. 08. 30)
인천	중구[주9], 동구, 미추홀구, 연수구, 남동구, 부평구, 계양구, 서구(2020. 06. 19)
부산	해운대구, 수영구, 동래구, 남구, 연제구(2020. 11. 20) 서구, 동구, 영도구, 부산진구, 금정구, 북구, 강서구, 사상구, 사하구(2020. 12. 18)
대구	수성구(2020. 11. 20) 중구, 동구, 서구, 남구, 북구, 달서구, 달성군[주10](2020. 12. 18)
광주	동구, 서구, 남구, 북구, 광산구(2020. 12. 18)
대전	동구, 중구, 서구, 유성구, 대덕구(2020. 06. 19)
울산	중구, 남구(2020. 12. 18)
세종	세종시 행정중심복합도시[주11](2017. 09. 06 지정 → 2017. 11. 10 효력 발생)
충북	청주시[주12](2020. 06. 19)
충남	천안시 동남구[주13]·서북구[주14], 논산시[주15], 공주시[주16](2020. 12. 18)
전북	전주시 완산구·덕진구(2020. 12. 18)
전남	여수시[주17], 순천시[주18], 광양시[주19](2020. 12. 18)
경북	포항시 남구[주20], 경산시[주21](2020. 12. 18)
경남	창원시 성산구(2020. 12. 18)

주1) 화도읍, 수동면 및 조안면 제외
주2) 포곡읍, 모현읍, 백암면, 양지면 및 원삼면 가재월리·사암리·미평리·좌항리·맹리·두창리 제외
주3) 일죽면, 죽산면, 삼죽면, 미양면, 대덕면, 양성면, 고삼면, 보개면, 서운면 및 금광면 제외
주4) 초월읍, 곤지암읍, 도척면, 퇴촌면, 남종면 및 남한산성면 제외
주5) 백석읍, 남면, 광적면 및 은현면 제외
주6) 통진읍, 대곶면, 월곶면 및 하성면 제외
주7) 문산읍, 파주읍, 법원읍, 조리읍, 월롱면, 탄현면, 광탄면, 파평면, 적성면, 군내면, 장단면, 진동면 및 진서면 제외
주8) 광암동, 걸산동, 안흥동, 상봉암동, 하봉암동 및 탑동동 제외
주9) 을왕동, 남북동, 덕교동 및 무의동 제외
주10) 가창면, 구지면, 하빈면, 논공읍, 옥포읍, 유가읍 및 현풍읍 제외
주11) 건설교통부고시 제2006-418호에 따라 지정된 행정중심복합도시 건설 예정지역으로, 「신행정수도 후속대책을 위한 연기·공주지역 행정중심복합도시 건설을 위한 특별법」 제15조제1호에 따라 해제된 지역을 포함
주12) 낭성면, 미원면, 가덕면, 남일면, 문의면, 남이면, 현도면, 강내면, 옥산면, 내수읍 및 북이면 제외
주13) 목천읍, 풍세면, 광덕면, 북면, 성남면, 수신면, 병천면 및 동면 제외
주14) 성환읍, 성거읍, 직산읍 및 입장면 제외
주15) 강경읍, 연무읍, 성동면, 광석면, 노성면, 상월면, 부적면, 연산면, 벌곡면, 양촌면, 가야곡면, 은진면 및 채운면 제외
주16) 유구읍, 이인면, 탄천면, 계룡면, 반포면, 의당면, 정안면, 우성면, 사곡면 및 신풍면 제외
주17) 돌산읍, 율촌면, 화양면, 남면, 화정면 및 삼산면 제외
주18) 승주읍, 황전면, 월등면, 주암면, 송광면, 외서면, 낙안면, 별량면 및 상사면 제외
주19) 봉강면, 옥룡면, 옥곡면, 진상면, 진월면 및 다압면 제외
주20) 구룡포읍, 연일읍, 오천읍, 대송면, 동해면, 장기면 및 호미곶면 제외
주21) 하양읍, 진량읍, 압량읍, 와촌면, 자인면, 용성면, 남산면 및 남천면 제외

> **MEMO** 1세대 1주택 양도소득세 비과세 요건 중 2년 이상 거주요건을 갖추어야 하는 취득 당시 조정대상지역을 적용할 때 2017년 8월 3일부터 2017년 11월 9일까지의 기간에는 다음 표의 지역을 조정대상지역으로 한다.(소득령§154②)

서울특별시	전 지역
부산광역시	해운대구·연제구·동래구·남구·부산진구 및 수영구, 기장군
경기도	과천시·광명시·성남시·고양시·남양주시·하남시 및 화성시(반송동·석우동, 동탄면 금곡리·목리·방교리·산척리·송리·신리·영천리·오산리·장지리·중리·청계리 일원에 지정된 택지개발지구로 한정한다)
기타	「신행정수도 후속대책을 위한 연기·공주지역 행정중심복합도시 건설을 위한 특별법」 제2조 제2호에 따른 예정지역

Contents

제 1 장
양도소득세 편篇

I 주택

01. 2년 이상 보유 및 거주한 1세대 1주택 고가주택 양도 *14*

02. 최종 1주택 이후 2년 미만 보유한 1세대 1주택 양도 *18*

03. 별도세대인 부모로부터 증여받은 1세대 1주택 양도(증여 후後 5년 이내 양도) *22*

04. 동일 세대원에게서 증여받은 1세대 1주택 양도 *26*

05. 특수관계인(배우자와 직계존비속 외外)으로부터 증여받은 주택 양도[부당행위계산] *30*

06. 동일 세대의 부모로부터 상속받은 1세대 1주택 양도 *34*

07. 별도 세대의 부모로부터 상속받은 1세대 1주택 양도 *36*

08. 상속으로 1세대 2주택이 된 경우 비과세 특례 대상 일반주택 양도 *38*

09. 수도권 내內 읍·면지역에 소재하는 주택공시가격 3억원 이하 주택 양도 *42*

10. 1세대 2주택 중과세율이 적용되는 주택 양도 *46*

11. 1세대 3주택 중과세율이 적용되는 주택 양도 *50*

12. 보유기간 2년 미만 주택 양도 *54*

13. 「조세특례제한법 99조의2」에 해당하는 감면주택[미분양주택]의 양도 *56*

14. 최종 1주택[임대주택]을 거주주택으로 전환한 후後 양도 *60*

15. 양도소득세 중과 배제 요건을 충족한 임대주택 양도 *64*

16. 장기보유특별공제 특례(50%)가 적용되는 장기일반민간임대주택[아파트] 양도 *68*

17. 장기보유특별공제 특례(70%)가 적용되는 장기일반민간임대주택[아파트 외外] 양도 *72*

18. 양도소득세가 100% 감면되는 장기일반민간임대주택(조특법§97의5) 양도 *76*

Ⅱ 재건축·재개발 조합원입주권 및 신축주택

19. 분담금을 납부한 원조합원의 1세대 1조합원입주권[고가조합원입주권] 양도 *82*

20. 분담금을 납부한 원조합원의 기본세율이 적용되는 조합원입주권 양도 *86*

21. 청산금을 수령한 원조합원의 1세대 1조합원입주권[고가조합원입주권] 양도 *88*

22. 청산금을 수령한 원조합원의 기본세율이 적용되는 조합원입주권 양도 *92*

23. 원조합원이 수령한 청산금[1세대 1주택 비과세 대상 조합원 권리가액 12억원 초과] *94*

24. 원조합원이 수령한 청산금[중과세율 적용] *98*

25. 승계조합원의 기본세율이 적용되는 조합원입주권 양도 *102*

26. 승계조합원의 보유기간 2년 미만 조합원입주권 양도 *104*

27. 분담금을 납부한 원조합원의 신축주택[1세대 1주택 고가주택] 양도 *106*

28. 분담금을 납부한 원조합원의 신축주택[중과세율 적용] 양도 *110*

29. 청산금을 수령한 원조합원의 신축주택[1세대 1주택 고가주택] 양도 *112*

30. 청산금을 수령한 원조합원의 신축주택[중과세율 적용] 양도 *116*

31. 분담금을 납부한 승계조합원의 신축주택[1세대 1주택 고가주택] 양도 *118*

32. 분담금을 납부한 승계조합원의 신축주택[중과세율 적용] 양도 *120*

33. 분담금을 납부한 승계조합원의 신축주택[단기양도소득세율 적용] 양도 *124*

Contents

Ⅲ 주택분양권

34. 보유기간 1년 미만 주택분양권 양도 *128*

35. 보유기간 1년 이상 주택분양권 양도 *130*

Ⅳ 상업용 건물·토지

36. 기본세율이 적용되는 상업용 건물[취득가액 불분명 사례] 양도 *134*

37. 기본세율이 적용되는 사업용 토지 양도 *136*

38. 중과세율이 적용되는 비사업용 토지 양도 *138*

39. 상속받은 비사업용 토지[농지] 양도 *142*

제 2 장
취득세 편篇

I 주택

40. 1세대 1주택에 해당하는 주택의 유상 매수 *146*

41. 1세대 2주택에 해당하는 주택(조정대상지역 소재)의 유상 매수 *148*

42. 1세대 3주택에 해당하는 주택(조정대상지역 소재)의 유상 매수 *150*

43. 1세대 3주택에 해당하는 주택(비非조정대상지역 소재)의 유상 매수 *152*

44. 1세대 4주택에 해당하는 주택(비非조정대상지역 소재)의 유상 매수 *154*

45. 중과 대상 제외 주택의 유상 매수 *156*

46. 생애 최초 주택의 유상 매수 *160*

47. 취득세율 중과 대상 주택의 증여 *162*

48. 취득세율 중과 대상 외外 주택의 증여 *164*

49. 1주택 이상 소유자의 주택 상속 *166*

II 주택 외外

50. 업무용 · 주거용 오피스텔의 유상 매수 *170*

51. 취득세 감면대상 주거용 오피스텔의 유상 매수(최초 분양) *172*

52. 상업용 건물 및 토지의 유상 매수 *176*

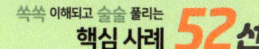

제 1 장
양도소득세 편篇

Ⅰ
주택

2년 이상 보유 및 거주한 1세대 1주택 고가주택 양도

🔍 한눈에 보는 양도소득세 Navi

	취득의 유형	매매	증여	상속
양도부동산현황	세대의 주택 수	1주택 ✓ 2주택 ☐ 3주택 이상 ☐		
	최종 1주택 2년 이상	예 ✓ 아니요 ☐		
	보유기간	2년 미만 ☐ 2년 이상 ☐ 3년 이상 ✓		
	거주기간	2년 미만 ☐ 2년 이상 ✓		
	취득 시 조정대상지역	예 ✓ 아니요 ☐		
세금계산	1세대 1주택 비과세	예 ✓ 아니요 ☐		
	장기보유특별공제율	[표1] 6~30% ☐ [표2] 20~80% ✓ 미적용 ☐		
	세율(기본/단기/중과)	기본세율 ✓ 단기세율 ☐ 중과세율 ☐		

📋 기본정보

(단위: 원)

양도	세대의 주택 수	1주택	최종 1주택 이후 보유·거주기간 2년 충족
	양도일자	2022. 05. 31	
	양도가액	2,000,000,000	
취득	취득일자	2018. 08. 01	취득 당시 조정대상지역
	취득가액	1,200,000,000	
필요경비		100,000,000	
보유 및 거주기간	보유기간	3년	
	거주기간	2년	

📋 추가정보

해당 주택 양도일 이전 2년 이내에 다른 주택을 처분(양도, 증여, 용도변경)한 이력이 있는가?	예 ☐ 아니요 ✓

🧮 계산사례

(단위: 원)

양도가액		2,000,000,000
취득가액		1,200,000,000
필요경비		100,000,000
양도차익	전체 양도차익 × $\dfrac{12억원}{양도가액}$	700,000,000
└ 비과세대상 양도차익		420,000,000
└ 과세대상 양도차익		280,000,000
장기보유특별공제	보유 3년, 거주 2년 20%	56,000,000
양도소득금액		224,000,000
기본공제		2,500,000
과세표준		221,500,000
세율	2년 이상 보유 기본세율	38%
누진공제		19,400,000
양도소득세 산출세액		64,770,000
개인지방소득세		6,477,000
총부담세액		71,247,000

(단위: 원)

양도소득세	개인지방소득세	총합계
64,770,000	6,477,000	71,247,000
2022. 7. 31까지 신고납부	2022. 9. 30까지 신고납부	

One Point 1세대 1주택 '고가주택'

1 1세대 1주택 '고가주택'의 의미

○ '고가주택'은 주택 및 이에 부수되는 토지의 양도 당시의 실지거래가액의 합계액이 12억원을 초과하는 것을 말한다.

○ 다가구주택을 단독주택으로 보아 1세대 1주택 비과세 규정을 적용하는 경우에는 '고가주택' 규정 적용 시 다가구주택을 단독주택으로 취급하여 '고가주택' 여부를 판단한다.

○ 지분 또는 분할 양도, 부담부증여의 경우 이전 방식에 관계없이 1주택 전체가액이 12억원을 초과하면 고가주택에 해당한다.

2 1세대 1주택 보유 및 거주기간 요건을 갖춘 '고가주택'의 양도차익

1세대 1주택 양도소득세 비과세 요건 중 보유기간 및 거주기간을 갖춘 '고가주택'의 양도차익은 다음과 같이 계산한다.

$$\text{고가주택 양도차익} = \text{전체 양도차익} \times \frac{\text{양도가액} - 12억원}{\text{양도가액}}$$

사례 事例 1세대 1주택 보유 및 거주기간 요건을 갖춘 '고가주택'의 양도차익

가정	• 양도가액: 20억원 • 취득가액: 9억원 • 필요경비: 1억원	• 전체 양도차익: 10억원

$$\text{고가주택 양도차익}(4억원) = \text{전체 양도차익}(10억원) \times \frac{\text{양도가액}(20억원) - 12억원}{\text{양도가액}(20억원)}$$

3 1세대 1주택 '고가주택'의 장기보유특별공제 적용

1세대 1주택에 해당하는 고가주택의 경우 장기보유특별공제는 다음과 같이 계산한다.

과세대상 주택	거주기간	공제율
3년 이상 보유	2년 이상 거주한 경우	• 보유기간 및 거주기간에 따라 차등 적용 (보유기간 × 4%) + (거주기간 × 4%) • [표2] (20~80%) 적용
	2년 이상 거주하지 않은 경우	• 보유기간 × 2% 적용 • [표1] (6~30%) 적용

참고 | 1세대 1주택 고가주택의 장기보유특별공제율

(단위: %)

구 분		보유기간							
		3년 이상	4년 이상	5년 이상	6년 이상	7년 이상	8년 이상	9년 이상	10년 이상
거주기간	2년 이상	20	24	28	32	36	40	44	48
	3년 이상	24	28	32	36	40	44	48	52
	4년 이상		32	36	40	44	48	52	56
	5년 이상			40	44	48	52	56	60
	6년 이상				48	52	56	60	64
	7년 이상					56	60	64	68
	8년 이상						64	68	72
	9년 이상							72	76
	10년 이상								80

MEMO 2년 거주요건을 충족하지 못할 경우 보유기간 3년부터 보유기간에 2%의 공제율을 적용하고, 15년 이상 보유 시 최대 30% 공제율을 적용한다.

최종 1주택 이후 2년 미만 보유한 1세대 1주택 양도

한눈에 보는 양도소득세 Navi

	취득의 유형	매매	증여	상속
양도 부동산 현황	세대의 주택 수	1주택 ✓ 2주택 ☐ 3주택 이상 ☐		
	최종 1주택 2년 이상	예 ☐ 아니요 ✓		
	보유기간	2년 미만 ☐ 2년 이상 ☐ 3년 이상 ✓		
	거주기간	2년 미만 ☐ 2년 이상 ✓		
	취득 시 조정대상지역	예 ✓ 아니요 ☐		
세금 계산	1세대 1주택 비과세	예 ☐ 아니요 ✓		
	장기보유특별공제율	[표1] 6~30% ☐ [표2] 20~80% ✓ 미적용 ☐		
	세율(기본/단기/중과)	기본세율 ✓ 단기세율 ☐ 중과세율 ☐		

기본정보

(단위: 원)

양도	세대의 주택 수	1주택	최종 1주택 이후 보유·거주기간 2년 미충족
	양도일자	2022. 05. 31	직전주택 양도일 2021. 02. 01
	양도가액	2,000,000,000	
취득	취득일자	2018. 08. 01	취득 시 조정대상지역
	취득가액	1,200,000,000	
필요경비		100,000,000	
보유 및 거주기간	보유기간	3년	
	거주기간	2년	

추가정보

해당 주택 양도일 이전 2년 이내에 다른 주택을 처분(양도, 증여, 용도변경)한 이력이 있는가?	예 ✓	아니요 ☐
최종 1주택이 된 이후 보유기간 2년 이상인가?	예 ☐	아니요 ✓
취득 시 조정지역대상인 경우 최종 1주택이 된 이후 거주기간 2년 이상인가?	예 ☐	아니요 ✓

📊 계산사례

(단위: 원)

양도가액		2,000,000,000
취득가액		1,200,000,000
필요경비		100,000,000
양도차익		**700,000,000**
└ 비과세대상 양도차익		–
└ 과세대상 양도차익		700,000,000
장기보유특별공제	보유 3년, 거주 2년 20%	**140,000,000**
양도소득금액		560,000,000
기본공제		2,500,000
과세표준		557,500,000
세율	기본세율	42%
누진공제		35,400,000
양도소득세 산출세액		198,750,000
개인지방소득세		19,875,000
총부담세액		218,625,000

(단위: 원)

양도소득세	개인지방소득세	총합계
198,750,000	19,875,000	218,625,000
2022. 7. 31까지 신고납부	2022. 9. 30까지 신고납부	

One Point 다주택자의 최종 1주택 비과세 보유기간 산정 사례

2주택 이상(1세대 2주택 비과세 특례 적용 시 제외*) 보유한 1세대가 최종 1주택 외⑦의 모든 주택을 처분하고 최종적으로 1주택만 보유하게 된 경우에는 그 최종 1주택을 보유하게 된 날부터 보유기간을 기산하고, 조정대상지역에 소재하고 있는 주택만 남은 경우 그 최종 주택의 1세대 1주택 양도소득세 비과세 요건 중 2년 이상의 거주기간을 계산할 때도 그 최종 1주택을 보유하게 된 날부터 거주기간을 새로 기산한다.

* 21. 01. 01 현재 2주택 이상을 보유한 1세대가 1주택 외⑦의 주택을 모두 처분[양도, 증여 및 용도변경(주거용으로 사용하던 오피스텔을 업무용 건물로 사실상 용도 변경하는 경우 포함)]한 후 신규주택을 취득하여 일시적 2주택이 된 경우에는 최종 1주택을 보유하게 된 날부터 보유기간을 기산한다.(소득령§154⑤)
다만, 2021. 01. 01 전에 2주택 이상을 보유한 1세대가 1주택 외⑦의 주택을 모두 양도(마지막으로 양도한 주택을 '과세'로 신고)한 후 신규주택을 취득하여 2021. 01. 01 현재 일시적 2주택이 되어 종전 주택을 양도하는 경우 보유기간 기산일은 양도하는 종전 주택의 취득일이 된다.(기획재정부재산-953, 2021. 11. 02)

사례① 2021. 01. 01 현재 최종 1주택만 보유하고 있는 경우

	취득일	양도일	2021. 01. 01 기준 1세대의 주택 수	최종 1주택(B주택) 보유기간 기산일
A주택	2015. 05. 01	2020. 12. 31	1주택	B주택의 취득일 (2017. 09. 01)
B주택	2017. 09 .01	–		

사례② 최종 1주택 외⑦의 주택을 양도한 경우 최종 1주택의 보유기간

	취득일	양도일	최종 1주택(B주택) 보유기간 기산일
A주택	2015. 05. 01	2022. 03. 01 (A주택 과세)	A주택의 양도일 (2022. 03. 01)
B주택	2017. 09 .01	–	

사례③ 최종 1주택 외^카의 주택을 증여한 경우 최종 1주택의 보유기간

	취득일	증여일	최종 1주택(B주택) 보유기간 기산일
A주택	2015. 05. 01	2022. 03. 01	A주택의 증여일 (2022. 03. 01)
B주택	2017. 09 .01	–	

사례④ 최종 1주택 외^카의 주택의 용도를 변경한 경우 최종 1주택의 보유기간

	취득일	용도변경일	최종 1주택(B주택) 보유기간 기산일
A주택 (주거용 오피스텔)	2015. 05. 01	2022. 03. 01 (업무용으로 변경)	A주택(주거용 오피스텔)의 용도변경일 (2022. 03. 01)
B주택	2017. 09 .01	–	

사례⑤ 최종 1주택 외^카의 주택을 멸실한 경우 최종 1주택의 보유기간
(서면법령해석재산 2020-2354[법령해석과-487], 2021. 02. 08)

	취득일	멸실일	최종 1주택(B주택) 보유기간 기산일
A주택	2015. 05. 01	2022. 03. 01	B주택의 취득일 (2017. 09. 01)
B주택	2017. 09 .01	–	

사례⑥ 주택을 소유한 동일세대원인 자녀가 세대분리 후 남은 최종 1주택의 보유기간
(서면부동산 2020-552[부동산납세-707], 2020. 06. 10)

	취득일	자녀의 세대분리	최종 1주택(A주택) 보유기간 기산일
부모 명의 A주택	2015. 05. 01	2022. 03. 01	A주택의 취득일 (2015. 05. 01)
자녀 명의 B주택	2017. 09 .01		

03 별도세대인 부모로부터 증여받은 1세대 1주택 양도
(증여 후 5년 이내 양도)

한눈에 보는 양도소득세 Navi

	취득의 유형	매매	증여	상속
양도 부동산 현황	세대의 주택 수	1주택 ✓	2주택 ☐ 3주택 이상 ☐	
	최종 1주택 2년 이상	예 ✓	아니요 ☐	
	보유기간	2년 미만 ☐	2년 이상 ☐	3년 이상 ✓
	거주기간	2년 미만 ✓	2년 이상 ☐	
	취득 시 조정대상지역	예 ✓	아니요 ☐	
	증여자와의 관계	배우자·직계존비속 ✓	그 외 ☐	
	취득 후 5년 이내 양도	예 ✓	아니요 ☐	
	동일 세대 여부(증여 시)	동일 세대 ☐	별도 세대 ✓	
	이월과세 적용	예 ✓	아니요 ☐	
세금계산	1세대 1주택 비과세	예 ☐	아니요 ✓	
	장기보유특별공제율	[표1] 6~30% ✓	[표2] 20~80% ☐	미적용 ☐
	세율(기본/단기/중과)	기본세율 ✓	단기세율 ☐	중과세율 ☐

기본정보

(단위: 원)

양도	세대의 주택 수	1주택	최종 1주택 이후 보유·거주기간 2년 충족
	양도일자	2022. 05. 31	
	양도가액	1,500,000,000	
취득	취득일자	2017. 10. 01	• 부모의 취득일자 2017. 10. 01 • 증여일자 2018. 01. 01
	취득가액	500,000,000	• 부모의 취득가액 5억원 • 증여 시 평가액 9억원
필요경비		200,000,000	• 증여세 1.95억원 • 양도 시 중개수수료 5백만원 • 증여 시 취득세 3천 4백만원
보유 및 거주기간	보유기간	4년	
	거주기간	없음	부모의 취득 시 조정대상지역

One P☆int 별도세대의 부모에게 증여받은 주택의 취득가액 이월과세

별도세대인 부모로부터 증여받은 주택을 5년 이내에 양도할 때 알아야 할 주요 내용은 다음과 같다.

구 분	별도세대의 부모에게 증여받은 주택의 취득가액 이월과세	
① 개요	자녀가 양도일부터 소급하여 5년 이내에 부모로부터 증여받은 주택의 양도차익을 계산할 때 취득가액은 그 증여자의 취득 당시 금액으로 하고, 이 경우 자녀(수증자)가 납부한 증여세는 필요경비에 산입한다.(소득법§97의2)	
② 적용기간	증여받은 후 5년 이내 양도하는 경우에 적용한다.	
③ 세부담의 감소	「취득가액 이월과세 적용 후 양도소득세 < 취득가액 이월과세 미적용 양도소득세」의 경우에는 적용 배제한다.	
④ 양도소득의 실질 귀속	양도소득이 증여자에게 실질 귀속 되는지 여부와 관계없이 적용한다.	
⑤ 납세의무자	증여받은 후 양도한 자녀(수증자)가 된다.	
⑥ 필요경비	증여받은 자녀(수증자)의 자본적 지출액 및 양도비만 필요경비에 산입한다.	
⑦ 보유기간	장기보유특별공제 적용	증여자의 취득일부터 양도일까지
	양도소득세율 적용	증여자의 취득일부터 양도일까지
⑧ 수증자가 납부한 증여세	기타 필요경비에 산입한다.	
⑨ 수증자가 납부한 취득세	필요경비로 인정되지 않는다.	
⑩ 적용 제외	ⅰ) 사업인정고시일부터 소급하여 2년 이전에 증여받은 경우로서 「공익사업을 위한 토지 등의 취득 및 보상에 관한 법률」 등의 법률에 따라 협의매수 또는 수용된 경우 ⅱ) 증여받아 양도한 자산이 1세대 1주택 비과세 대상에 해당하게 되는 경우* 　*부당행위계산 부인(소득법§101②)을 적용 ⅲ) 「취득가액 이월과세」 규정을 적용하여 계산한 양도소득세가 해당 규정을 적용하지 않고 계산한 양도소득세보다 적은 경우	

 **계산사례**

(단위: 원)

양도가액		1,500,000,000
취득가액	이월과세 시 증여자의 취득가액 적용	500,000,000
필요경비		200,000,000
양도차익	증여세 포함 / 증여 시 취득세 미포함	800,000,000
└ 비과세대상 양도차익		-
└ 과세대상 양도차익		800,000,000
장기보유특별공제	증여자 취득일로부터 보유 4년 8%	64,000,000
양도소득금액		736,000,000
기본공제		2,500,000
과세표준		733,500,000
세율	기본세율	42%
누진공제		35,400,000
양도소득세 산출세액		272,670,000
개인지방소득세		27,267,000
총부담세액		299,937,000

(단위: 원)

양도소득세	개인지방소득세	총합계
272,670,000	27,267,000	299,937,000
2022. 7. 31까지 신고납부	2022. 9. 30까지 신고납부	

비교 이월과세 미적용 시 계산사례

(단위: 원)

양도가액	이월과세 미적용 시 수증자의 취득가액 적용	1,500,000,000
취득가액		900,000,000
필요경비		39,000,000
양도차익	수증자기준 필요경비 / 증여세 미포함	**561,000,000**
└ 비과세대상 양도차익		–
└ 과세대상 양도차익	수증자 취득일로부터 보유 3년	561,000,000
장기보유특별공제	6%	**33,660,000**
양도소득금액		527,340,000
기본공제		2,500,000
과세표준		524,840,000
세율	기본세율	42%
누진공제		35,400,000
양도소득세 산출세액		185,032,800
개인지방소득세		18,503,280
총부담세액		203,536,080

04 동일 세대원에게서 증여받은 1세대 1주택 양도

한눈에 보는 양도소득세 Navi

	취득의 유형	매매	증여	상속
양도 부동산 현황	세대의 주택 수	1주택 ✓　 2주택 ☐　 3주택 이상 ☐		
	최종 1주택 2년 이상	예 ✓　 아니요 ☐		
	보유기간	2년 미만 ☐　 2년 이상 ☐　 3년 이상 ✓		
	거주기간	2년 미만 ☐　 2년 이상 ✓		
	취득 시 조정대상지역	예 ✓　 아니요 ☐		
	증여자와의 관계	배우자·직계존비속 ✓　 그 외 ☐		
	취득 후 5년 이내 양도	예 ☐　 아니요 ✓		
	동일 세대 여부(증여 시)	동일 세대 ✓　 별도 세대 ☐		
	이월과세 적용	예 ☐　 아니요 ✓		
세금 계산	1세대 1주택 비과세	예 ✓　 아니요 ☐		
	장기보유특별공제율	[표1] 6~30% ☐　 [표2] 20~80% ✓　 미적용 ☐		
	세율(기본/단기/중과)	기본세율 ✓　 단기세율 ☐　 중과세율 ☐		

기본정보

(단위: 원)

양도	세대의 주택 수	1주택	최종 1주택 이후 보유·거주기간 2년 충족
	양도일자	2023. 09. 01	
	양도가액	1,500,000,000	
취득	취득일자	2018. 01. 01	• 증여자의 취득일자 2017. 08. 03 • 증여일자 2018. 01. 01
	취득가액	900,000,000	• 부모의 취득가액 5억원 • 증여 시 평가액 9억원
필요경비		39,000,000	• 증여 시 취득세 3천 4백만원 • 양도 시 중개수수료 5백만원
보유 및 거주기간	보유기간	5년	
	거주기간	2년	• 증여자의 취득 시 조정대상지역 • 증여 시 조정대상지역

계산사례

(단위: 원)

양도가액	증여 시 평가액 적용	1,500,000,000
취득가액		900,000,000
필요경비		39,000,000
양도차익		561,000,000
└ 비과세대상 양도차익		448,800,000
└ 과세대상 양도차익	수증자 취득일로부터 보유 5년, 거주 2년	112,200,000
장기보유특별공제	28%	31,416,000
양도소득금액		80,784,000
기본공제		2,500,000
과세표준		78,284,000
세율	기본세율	24%
누진공제		5,220,000
양도소득세 산출세액		13,568,160
개인지방소득세		1,356,810
총부담세액		14,924,970

(단위: 원)

양도소득세	개인지방소득세	총합계
13,568,160	1,356,810	14,924,970
2023. 11. 31까지 신고납부	2024. 1. 31까지 신고납부	

One Point 동일 세대원에게서 증여받은 주택 양도

1 증여받은 주택 양도

구 분		동일 세대원으로부터 증여받은 주택	다른 세대원으로부터 증여받은 주택
1세대 1주택 비과세 판정	보유기간	증여자의 보유 및 거주기간과 증여 후 수증자의 보유 및 거주 기간 통산	증여등기접수일부터 양도일
	거주기간		
장기보유특별공제 적용 시 보유기간		증여등기접수일부터 양도일[주]	
양도소득세 세율 적용 시 보유기간		증여등기접수일부터 양도일[주]	

주) 배우자 또는 직계존비속으로부터 증여받은 주택을 5년 이내에 양도하는 경우(소득법§97의2①) 증여한 배우자 또는 직계존비속이 해당 주택의 취득일부터 양도일까지로 한다.

사례事例 별도 세대의 부모로부터 증여받은 주택을 양도할 때 취득가액 사례

최초 Ⓐ주택 취득		자녀에게 Ⓐ주택 증여		사례① Ⓐ주택 양도 (증여 후 5년 이내)		사례② Ⓐ주택 양도 (증여 후 5년 경과)	
매수자	부(父)	증여자	부(父)	매도자	자(子)	매도자	자(子)
취득일	2010. 01. 01	수증자	자(子)	양도일	2022. 08. 01	양도일	2022. 12. 31
취득가액	3억원	증여일	2017. 10. 01	취득가액	3억원[주1]	취득가액	5억원[주2]
		증여가액	5억원				

주1) 부모로부터 증여받은 주택을 5년 이내에 양도하기 때문에 증여자(父)의 취득가액으로 한다.
주2) 부모로부터 증여받은 주택을 5년 이후에 양도하기 때문에 증여재산평가액을 취득가액으로 한다.

2 증여받은 주택의 증여재산평가

① 증여재산평가의 원칙

증여일 현재의 시가에 따르며, 여기서 '시가'란 불특정 다수인 사이에 자유롭게 거래가 이루어지는 경우에 통상적으로 성립된다고 인정되는 가액으로 하고, 수용가격·공매가격 및 감정가격 등 시가로 인정되는 것을 포함한다.(상증법§60②) '시가로 인정되는 것'이란 증여일 전(前) 6개월부터 증여일 후(後) 3개월까지의 평가기간 이내의 기간 중 매매·감정·수용·경매 또는 공매가 있는 경우 법이 정하는 방법에 따라 확인되는 가액을 말한다.

② 유사매매가액이 있는 경우

아파트나 오피스텔의 경우에는 증여재산과 면적·위치·기준시가가 동일하거나 유사한 아파트나 오피스텔이 증여일 전(前) 6개월부터 증여일 후(後) 3개월 이내의 신고일까지 매매가 된 사실이 있다면, 그 매매가액도 시가로 인정한다.

> **MEMO** **국세청 홈택스 통한 공동주택·오피스텔 유사매매가액 조회방법**
> 국세청 홈택스(hometax.go.kr) 〉 조회/발급 〉 세금신고납부 〉 상속·증여재산 평가하기 〉 상속·증여대상 공동주택·오피스텔의 기본정보 입력 〉 시가의 유형 중 (유사)재산의 매매 등 가액 선택

③ 보충적 평가방법

시가를 산정하기 어려운 경우에는 보충적 평가방법으로 평가한 가액을 시가로 보며, 주택에 대한 보충적 평가방법은 다음과 같다.

공동주택	• 국토교통부장관이 결정·공시한 공동주택가격 • 매년 4월 말 확정공시
개별주택	• 지방자치단체장이 결정·공시한 개별주택가격 • 매년 4월 말 확정공시

05 특수관계인(배우자와 직계존비속 외ⁿ)으로부터 증여받은 주택 양도 [부당행위계산]

한눈에 보는 양도소득세 Navi

	취득의 유형	매매	증여 ✓	상속
양도부동산현황	세대의 주택 수(증여자 기준)	1주택 ☐	2주택 ✓ 3주택 이상 ☐	
	중과세 적용 제외 주택	예 ☐ 아니요 ✓		
	보유기간(증여자 기준)	2년 미만 ☐	2년 이상 ☐	3년 이상 ✓
	거주기간(증여자 기준)	2년 미만 ✓	2년 이상 ☐	
	취득 시 조정대상지역	예 ☐ 아니요 ✓		
	양도 시 조정대상지역	예 ✓ 아니요 ☐		
	증여자와의 관계	배우자·직계존비속 ☐	그 외 ✓	
	취득 후 5년 이내 양도	예 ✓ 아니요 ☐		
	부당행위계산부인	예 ✓ 아니요 ☐		
세금계산	1세대 1주택 비과세	예 ☐ 아니요 ✓		
	장기보유특별공제율	[표1] 6~30% ☐	[표2] 20~80% ☐	미ⁿ적용 ✓
	세율(기본/단기/중과)	기본세율 ☐	단기세율 ☐	중과세율 ✓

기본정보

(단위: 원)

양도	세대의 주택 수(증여자 기준)	2주택	• 양도 주택은 중과세율 적용 대상 • 증여자 기준 2주택(조정지역) • 수증자 기준 1세대 1주택(비과세 충족)
	양도일자	2022. 05. 31	양도일: 증여일로부터 5년 이내
	양도가액	900,000,000	양도소득의 귀속자: 증여자(수증자의 형)
취득	취득일자(증여자 기준)	2017. 08. 01	• 증여자의 취득일자 2017. 08. 01 • 증여일자 2018. 08. 01
	취득가액(증여자 기준)	500,000,000	• 증여자의 취득가액 5억원 • 증여 시 평가액 7억원
필요경비(증여자 기준)		5,000,000	증여세 1.4억원 / 증여 시 취득세 2천 7백만원 양도 시 중개수수료 5백만원
보유 및 거주기간 (증여자 기준)	보유기간	4년	
	거주기간	없음	• 증여자의 취득 시 비ⁿ조정대상지역 • 증여 시 비ⁿ조정대상지역

추가정보

	예	아니요
특수관계인(배우자, 직계존비속 외ⁿ)으로부터 증여받은 후ⁿ 양도일까지 5년 경과하였는가?	☐	✓
양도소득이 수증자에게 실질적으로 귀속되었는가?	☐	✓
증여자 기준 양도소득세가 수증자의 부담세액(증여세+수증자 기준 양도소득세)보다 적은가?	☐	✓

계산사례

(단위: 원)

양도가액		900,000,000
취득가액		500,000,000
필요경비	증여자기준 양도 시 2주택자로 1세대 1주택 미*충족	5,000,000
양도차익		395,000,000
ㄴ 비과세대상 양도차익		–
ㄴ 과세대상 양도차익		395,000,000
장기보유특별공제	0%	–
양도소득금액		395,000,000
기본공제		2,500,000
과세표준	중과세 대상 2주택 보유	392,500,000
세율	기본세율 + 20%p	60%
누진공제		25,400,000
양도소득세 산출세액		210,100,000
개인지방소득세		21,010,000
총부담세액		231,110,000

(단위: 원)

양도소득세	개인지방소득세	총합계
210,100,000	21,010,000	231,110,000
2022. 7. 31까지 신고납부	2022. 9. 30까지 신고납부	

One Point 특수관계인(배우자와 직계존비속 외^카)으로부터 증여받은 주택의 우회양도

1 특수관계인(배우자와 직계존비속 외^카)으로부터 증여받은 주택의 우회양도

거주자가 특수관계인[취득가액 이월과세(소득법§97의2①)를 적용받는 배우자 및 직계존비속의 경우는 제외]에게 주택을 증여한 후 그 주택을 증여받은 수증자가 그 증여일부터 5년 이내에 다시 타인에게 양도한 경우로서 다음의 ①에 따른 세액이 ②에 따른 세액보다 적은 경우에는 증여자가 그 주택을 직접 양도한 것으로 본다. 다만, 양도소득이 해당 수증자에게 실질적으로 귀속된 경우에는 제외한다.(소득법§101②)

| ① 수증자의 증여세와 양도소득세를 합한 세액 | | ② 증여자가 직접 양도하는 경우로 보아 계산한 양도소득세 |

법령 소득세법 제101조[양도소득의 부당행위계산]

② 거주자가 제1항에서 규정하는 특수관계인(제97조의2 제1항을 적용받는 배우자 및 직계존비속의 경우는 제외한다)에게 자산을 증여한 후 그 자산을 증여받은 자가 그 증여일부터 5년 이내에 다시 타인에게 양도한 경우로서 제1호에 따른 세액이 제2호에 따른 세액보다 적은 경우에는 증여자가 그 자산을 직접 양도한 것으로 본다. 다만, 양도소득이 해당 수증자에게 실질적으로 귀속된 경우에는 그러하지 아니하다.
   1. 증여받은 자의 증여세(「상속세 및 증여세법」에 따른 산출세액에서 공제·감면세액을 뺀 세액을 말한다)와 양도소득세(이 법에 따른 산출세액에서 공제·감면세액을 뺀 결정세액을 말한다. 이하 제2호에서 같다)를 합한 세액
   2. 증여자가 직접 양도하는 경우로 보아 계산한 양도소득세
③ 제2항에 따라 증여자에게 양도소득세가 과세되는 경우에는 당초 증여받은 자산에 대해서는 「상속세 및 증여세법」의 규정에도 불구하고 증여세를 부과하지 아니한다.
④ 제2항에 따른 연수의 계산에 관하여는 제97조의2 제3항을 준용한다.

2 양도소득의 부당행위계산의 부인

구 분	양도소득의 부당행위계산의 부인
① 적용기간	수증자가 증여받은 후 5년 이내 양도하는 경우에 적용한다.
② 세(稅)부담의 감소	수증자의 증여세와 양도소득세를 합한 세액 ◁ 증여자가 직접 양도하는 경우로 보아 계산한 양도소득세
③ 양도소득의 실질 귀속	양도소득이 증여자에게 실질적으로 귀속된 경우에 한하여 적용한다.
④ 납세의무자	주택을 증여한 증여자가 된다.
⑤ 양도차익 계산	증여자가 취득한 시점을 기준으로 하여 취득가액 및 필요경비를 산정한다.
⑥ 필요경비	증여자의 자본적 지출액: 필요경비에 산입한다. 수증자의 양도비용: 필요경비에 산입한다.
⑦ 보유기간	장기보유특별공제 적용 — 증여자의 취득일부터 양도일까지 양도소득세율 적용 — 증여자의 취득일부터 양도일까지
⑧ 수증자가 납부한 증여세	기(旣)납부 증여세는 환급된다.
⑨ 수증자가 납부한 취득세	필요경비로 인정되지 않는다.

06 동일 세대의 부모로부터 상속받은 1세대 1주택 양도

🔍 한눈에 보는 양도소득세 Navi

<table>
<tr><td rowspan="8">양도
부동산
현황</td><td>취득의 유형</td><td>매매</td><td>증여</td><td>**상속** ✓</td></tr>
<tr><td>세대의 주택 수</td><td>1주택 ✓</td><td>2주택 ☐</td><td>3주택 이상 ☐</td></tr>
<tr><td>최종 1주택 2년 이상</td><td colspan="3">예 ✓   아니요 ☐</td></tr>
<tr><td>보유기간(상속인 기준)</td><td>2년 미만 ✓</td><td>2년 이상 ☐</td><td>3년 이상 ☐</td></tr>
<tr><td>거주기간(상속인 기준)</td><td colspan="3">2년 미만 ✓   2년 이상 ☐</td></tr>
<tr><td>취득 시 조정대상지역(피상속인 기준)</td><td colspan="3">예 ☐   아니요 ✓</td></tr>
<tr><td>보유기간(피상속인 기준)</td><td>2년 미만 ☐</td><td>2년 이상 ✓</td><td>3년 이상 ☐</td></tr>
<tr><td>동일 세대 여부(상속 시)</td><td colspan="3">동일 세대 ✓   별도 세대 ☐</td></tr>
<tr><td rowspan="3">세금
계산</td><td>1세대 1주택 비과세</td><td colspan="3">예 ✓   아니요 ☐</td></tr>
<tr><td>장기보유특별공제율</td><td>[표1] 6~30% ☐</td><td>[표2] 20~80% ☐</td><td>미적용 ✓</td></tr>
<tr><td>세율(기본/단기/중과)</td><td>기본세율 ✓</td><td>단기세율 ☐</td><td>중과세율 ☐</td></tr>
</table>

📊 기본정보
(단위: 원)

<table>
<tr><td rowspan="3">양도</td><td>세대의 주택 수</td><td>1주택</td><td>최종 1주택 이후 보유기간 2년 충족</td></tr>
<tr><td>양도일자</td><td>2022. 05. 31</td><td rowspan="2">• 피상속인의 취득일자 2016. 07. 01
• 상속개시일 2021. 01. 01
• 피상속인 취득 시부터 상속인과 동일 세대 구성
• 상속 시 평가액 9억원</td></tr>
<tr><td>양도가액</td><td>1,500,000,000</td></tr>
<tr><td rowspan="2">취득</td><td>취득일자</td><td>2021. 01. 01</td></tr>
<tr><td>취득가액</td><td>900,000,000</td></tr>
<tr><td colspan="2">필요경비</td><td>14,000,000</td><td>• 상속 시 취득세 9백만원
• 양도 시 중개수수료 5백만원</td></tr>
<tr><td rowspan="3">보유기간</td><td>비과세 판정</td><td>5년</td><td>피상속인의 보유 및 거주기간(동일 세대 기간 한정)과 상속인의 보유 및 거주기간 통산</td></tr>
<tr><td>장기보유특별공제율 판정</td><td>1년</td><td>상속개시일부터 양도일까지</td></tr>
<tr><td>세율 판정</td><td>5년</td><td>피상속인 취득일부터 양도일까지</td></tr>
<tr><td colspan="2">거주기간</td><td>없음</td><td>• 피상속인 취득 시 비조정대상지역
• 상속 시 조정대상지역</td></tr>
</table>

One Point 동일 세대원으로부터 상속받은 1세대 1주택 양도

구 분		동일 세대원으로부터 상속
1세대 1주택 비과세 판정	보유기간	피상속인의 보유 및 거주기간(동일 세대 기간 한정)과 상속인의 보유 및 거주기간 통산
	거주기간	
장기보유특별공제 적용 시 보유기간		상속개시일부터 양도일까지
양도소득세 세율 적용 시 보유기간		피상속인의 취득일부터 양도일까지

*2017. 08. 02 이전에 피상속인이 취득한 주택을 동일세대원이 상속받은 주택은 비과세 거주요건 제한 없다.

🧮 계산사례

(단위: 원)

양도가액		1,500,000,000
취득가액		900,000,000
필요경비		14,000,000
양도차익	피상속인 보유 기간 합산 시 1세대 1주택 비과세 보유기간 충족	586,000,000
└ 비과세대상 양도차익		468,800,000
└ 과세대상 양도차익	상속개시일부터 보유 3년 미만	117,200,000
장기보유특별공제	0%	–
양도소득금액		117,200,000
기본공제		2,500,000
과세표준	피상속인 취득일부터 2년 이상 보유	114,700,000
세율	기본세율	35%
누진공제		14,900,000
양도소득세 산출세액		25,245,000
개인지방소득세		2,524,500
총부담세액		27,769,500

(단위: 원)

양도소득세	개인지방소득세	총합계
25,245,000	2,524,500	27,769,500
2022. 7. 31까지 신고납부	2022. 9. 30까지 신고납부	

제1장 양도소득세 편

Ⅰ. 주택 35

07 별도 세대의 부모로부터 상속받은 1세대 1주택 양도

🔍 한눈에 보는 양도소득세 Navi

	취득의 유형	매매	증여	**상속**
양도 부동산 현황	세대의 주택 수	1주택 ✓ 2주택 ☐ 3주택 이상 ☐		
	최종 1주택 2년 이상	예 ☐ 아니요 ✓		
	보유기간(상속인 기준)	2년 미만 ✓ 2년 이상 ☐ 3년 이상 ☐		
	거주기간(상속인 기준)	2년 미만 ✓ 2년 이상 ☐		
	취득 시 조정대상지역(피상속인 기준)	예 ☐ 아니요 ✓		
	보유기간(피상속인 기준)	2년 미만 ☐ 2년 이상 ✓		
	동일 세대 여부(상속 시)	동일 세대 ☐ 별도 세대 ✓		
세금 계산	1세대 1주택 비과세	예 ☐ 아니요 ✓		
	장기보유특별공제율	[표1] 6~30% ☐ [표2] 20~80% ☐ 미적용 ✓		
	세율(기본/단기/중과)	기본세율 ✓ 단기세율 ☐ 중과세율 ☐		

📊 기본정보

(단위: 원)

양도	세대의 주택 수	1주택	최종 1주택 이후 보유기간 2년 미충족
	양도일자	2022. 05. 31	• 피상속인의 취득일자 2017. 07. 01
	양도가액	850,000,000	• 상속일자 2021. 09. 30
취득	취득일자	2021. 09. 30	• 상속 시 피상속인과 별도 세대
	취득가액	600,000,000	• 상속 시 평가액 6억원
필요경비		11,000,000	• 상속 시 취득세 6백만원 • 양도 시 중개수수료 5백만원
보유기간	비과세 · 장기보유특별공제율 판정	1년 미만	상속개시일부터 양도일까지
	세율 판정	4년	피상속인 취득일부터 양도일까지
거주기간		없음	• 피상속인 취득 시 비조정대상지역 • 상속 시 조정대상지역

⭐ One Point 별도 세대원으로부터 상속받은 1세대 1주택 양도

구 분		별도 세대원으로부터 상속
1세대 1주택 비과세 판정	보유기간	상속개시일부터 양도일까지
	거주기간	
장기보유특별공제 적용 시 보유기간		상속개시일부터 양도일까지
양도소득세 세율 적용 시 보유기간		피상속인의 취득일부터 양도일까지

 **계산사례**

(단위: 원)

양도가액	850,000,000
취득가액	600,000,000
필요경비	11,000,000
양도차익	**239,000,000**
└ 비과세대상 양도차익	-
└ 과세대상 양도차익	239,000,000
장기보유특별공제 0% (상속개시일부터 1년 미만 보유)	-
양도소득금액	239,000,000
기본공제	2,500,000
과세표준 (피상속인 취득일부터 2년 이상 보유)	236,500,000
세율 (기본세율)	38%
누진공제	19,400,000
양도소득세 산출세액	70,470,000
개인지방소득세	7,047,000
총부담세액	77,517,000

(단위: 원)

양도소득세	개인지방소득세	총합계
70,470,000	7,047,000	77,517,000
2022. 7. 31까지 신고납부	2022. 9. 30까지 신고납부	

08. 상속으로 1세대 2주택이 된 경우 비과세 특례 대상 일반주택 양도

한눈에 보는 양도소득세 Navi

	취득의 유형	매매	증여	상속
양도 부동산 현황	세대의 주택 수	1주택 ☐ 2주택 ☑ 3주택 이상 ☐		
	최종 1주택 2년 이상	예 ☑ 아니요 ☐		
	보유기간	2년 미만 ☐ 2년 이상 ☐ 3년 이상 ☑		
	거주기간	2년 미만 ☐ 2년 이상 ☑		
	취득 시 조정대상지역	예 ☑ 아니요 ☐		
	상속개시 당시 보유한 주택	예 ☑ 아니요 ☐		
	상속개시 당시 별도 세대 또는 동거봉양 목적 합가 세대	예 ☑ 아니요 ☐		
세금계산	1세대 1주택 비과세	예 ☑ 아니요 ☐		
	장기보유특별공제율	[표1] 6~30% ☐ [표2] 20~80% ☑ 미적용 ☐		
	세율(기본/단기/중과)	기본세율 ☑ 단기세율 ☐ 중과세율 ☐		

기본정보
(단위: 원)

양도	세대의 주택 수	2주택	
	양도일자	2022. 05. 31	상속 이전에 보유 중인 일반주택을 먼저 양도 (상속개시일 2019. 01. 01)
	양도가액	1,500,000,000	
취득	취득일자	2018. 08. 03	
	취득가액	700,000,000	
필요경비		10,000,000	
보유 및 거주기간	보유기간	3년	
	거주기간	2년	취득 시 조정대상지역

추가정보

	예	아니요
상속개시일에 양도주택(일반주택)을 보유하고 있었는가?	☑	☐
일반주택은 상속개시일 이전 2년 이내에 피상속인으로부터 증여받은 주택인가?	☐	☑
상속개시일에 피상속인과 별도 세대이거나 또는 동거봉양 목적으로 세대를 합쳐 세대별 1주택에서 1세대 2주택이 되었는가?	☑	☐
양도 시점에 상속받은 주택 1채와 일반주택 1채만 있는가?	☑	☐
상속주택을 제외하고 일반주택은 1세대 1주택 비과세 보유(거주) 기간 충족하는가?	☑	☐

 **계산사례**

(단위: 원)

양도가액		1,500,000,000
취득가액		700,000,000
필요경비		10,000,000
양도차익		**790,000,000**
└ 비과세대상 양도차익		632,000,000
└ 과세대상 양도차익	보유 3년, 거주 2년	158,000,000
장기보유특별공제	20%	**31,600,000**
양도소득금액		126,400,000
기본공제		2,500,000
과세표준		123,900,000
세율	기본세율	35%
누진공제		14,900,000
양도소득세 산출세액		28,465,000
개인지방소득세		2,846,500
총부담세액		31,311,500

(단위: 원)

양도소득세	개인지방소득세	총합계
28,465,000	2,846,500	31,311,500
2022. 7. 31까지 신고납부	2022. 9. 30까지 신고납부	

One Point 상속으로 인한 1세대 2주택 비과세 특례(소득령§155②)

1 개요

상속받은 주택과 그 밖의 일반주택을 국내에 각각 1채씩 소유하고 있는 1세대가 일반주택을 먼저 양도하는 경우에는 국내에 1개의 주택을 소유하고 있는 것으로 보아 비과세 규정을 적용한다.

🚨 일반주택을 먼저 양도하는 경우에는 상속주택을 세대의 주택 수에서 제외하지만, 상속주택을 먼저 양도하는 경우에는 다른 주택의 양도와 동일하게 비과세 적용 여부를 판단한다.

2 상속주택의 범위

상속받은 주택에는 조합원입주권 또는 분양권을 상속받아 사업시행 완료 후 취득한 신축주택을 포함한다.

만약 피상속인이 상속개시 당시 2 이상의 주택을 소유한 경우에는 다음 각호의 순위에 따른 1주택을 상속주택으로 본다. 여기에는 상속받은 1주택이 재건축·재개발사업 등으로 2주택 이상이 된 경우를 포함한다.

① 피상속인이 소유한 기간이 가장 긴 1주택
② 피상속인이 거주한 기간이 가장 긴 1주택
③ 피상속인이 상속개시 당시 거주한 1주택
④ 기준시가가 가장 높은 1주택(기준시가가 같은 경우에는 상속인이 선택하는 1주택)

3 일반주택의 범위

○ 상속개시 당시 보유한 주택 또는 상속개시 당시 보유한 조합원입주권이나 분양권에 의하여 사업시행 완료 후 취득한 신축주택만 해당한다.

🚨 상속개시 당시 보유하고 있는 일반주택 1채에 대해서만 상속주택 비과세 특례를 적용받을 수 있기 때문에 상속개시일 이후에 취득한 일반주택은 상속주택 비과세 특례를 적용받을 수 없다.

○ 상속개시일부터 소급하여 2년 이내에 피상속인으로부터 증여받은 주택 또는 증여받은 조합원입주권이나 분양권에 의하여 사업시행 완료 후 취득한 신축주택은 제외한다.

4 동일세대원으로부터 상속받은 경우

① 원칙적으로 동일세대원으로부터 상속받은 주택은 비과세 특례(소득령§155②)를 적용받을 수 없다.

② 상속인과 피상속인이 상속개시 당시 1세대인 경우에는 1주택을 보유하고 1세대를 구성하는 자가 직계존속(배우자의 직계존속을 포함하며, 세대를 합친 날 현재 직계존속 중 어느 한 사람 또는 모두가 60세 이상으로서 1주택을 보유하고 있는 경우만 해당)을 동거봉양하기 위하여 세대를 합침에 따라 2주택을 보유하게 되는 경우로서 합치기 이전부터 보유하고 있었던 주택만 상속받은 주택으로 본다.

5 공동상속주택 소수지분자가 일반주택 양도 시 비과세 특례

○ 상속으로 여러 사람이 공동으로 1주택을 소유하게 된 경우 해당 공동상속주택의 상속지분이 가장 큰 상속인을 제외한 소수지분을 가진 상속인이 해당 공동상속주택 외의 다른 주택(일반주택)을 양도하는 때에는 해당 공동상속주택은 소수지분을 가진 상속인의 주택으로 보지 아니한다.

○ 다음의 순서에 따라 해당하는 사람이 그 공동상속주택을 소유한 것으로 본다.
　① 해당 공동상속주택의 상속지분이 가장 큰 상속인
　② 해당 공동상속주택에 거주하는 상속인
　③ 최연장자

6 상속인이 아닌 손자녀가 조부모로부터 유증받은 주택

조부모가 사망한 시점에 부모가 생존한 상황에서 민법상 상속인이 아닌 손자 또는 손녀가 유증받은 주택은 다른 주택(일반주택)을 양도할 때 상속으로 인한 1세대 2주택 비과세 특례가 적용되지 않는다.(부동산거래관리-307, 2011. 04. 11)

09 수도권 내[內] 읍·면지역에 소재하는 주택공시가격 3억원 이하 주택 양도

🔍 한눈에 보는 양도소득세 Navi

	취득의 유형	매매	증여	상속
양도 부동산 현황	세대의 주택 수	1주택 ☐ 2주택 ☐ 3주택 이상 ☑		
	중과세 적용 제외 주택	예 ☑ 아니요 ☐		
	보유기간	2년 미만 ☐ 2년 이상 ☐ 3년 이상 ☑		
	거주기간	2년 미만 ☑ 2년 이상 ☐		
	양도 시 조정대상지역	예 ☑ 아니요 ☐		
세금계산	1세대 1주택 비과세	예 ☐ 아니요 ☑		
	장기보유특별공제율	[표1] 6~30% ☑ [표2] 20~80% ☐ 미[추]적용 ☐		
	세율(기본/단기/중과)	기본세율 ☑ 단기세율 ☐ 중과세율 ☐		

📈 기본정보

(단위: 원)

양도	세대의 주택 수	3주택	중과세율 적용 제외 주택 3주택 보유
	양도주택 소재지	김포시 고촌읍	수도권 내[內] 읍·면지역
	양도일자	2022. 05. 31	
	양도가액	555,000,000	양도 시 주택공시가격 2억 5천만원
취득	취득일자	2018. 08. 03	
	취득가액	250,000,000	
필요경비		5,000,000	
보유 및 거주기간	보유기간	3년	
	거주기간	없음	

📋 추가정보

양도 주택의 소재지가 조정대상지역인가?	예 ☑	아니요 ☐
수도권 내[內] 읍·면지역이고, 양도 당시 주택공시가격 3억원 이하인가?	예 ☑	아니요 ☐

 **계산사례**

(단위: 원)

양도가액		555,000,000
취득가액		250,000,000
필요경비		5,000,000
양도차익		300,000,000
└ 비과세대상 양도차익		-
└ 과세대상 양도차익		300,000,000
장기보유특별공제 (보유 3년)	6%	18,000,000
양도소득금액		282,000,000
기본공제		2,500,000
과세표준		279,500,000
세율	기본세율	38%
누진공제		19,400,000
양도소득세 산출세액		86,810,000
개인지방소득세		8,681,000
총부담세액		95,491,000

(단위: 원)

양도소득세	개인지방소득세	총합계
86,810,000	8,681,000	95,491,000
2022. 7. 31까지 신고납부	2022. 9. 30까지 신고납부	

One Point 기본세율(다주택자 양도소득세 중과 배제 대상)이 적용되는 주택 양도

1 3주택 이상자의 중과 제외 주택

① 수도권·광역시·세종특별자치시 외의 지역(경기도에 소속된 읍·면지역, 광역시에 소속된 군, 세종특별자치시에 소속된 읍·면에 해당하는 지역을 포함)에 소재하는 주택으로서 해당 주택 및 이에 부수되는 토지의 기준시가의 합계액이 해당 주택 또는 그 밖의 주택의 양도 당시 3억원 이하인 주택

○ 지역기준 및 가액기준에 따른 중과 대상 주택 수 포함 기준

가액기준 \ 지역기준	• 수도권(경기도 읍·면지역 제외) • 광역시(군지역 제외) • 세종시(읍·면지역 제외)	• 경기도 읍·면지역 • 광역시 군지역 • 세종시 읍·면지역	기타
기준시가 3억원 초과	포함	포함	포함
기준시가 3억원 이하	포함	제외	제외

② 지방자치단체 및 세무서에 주택임대사업자를 등록하여 5년 이상 임대한 주택으로서 해당 주택의 기준시가가 임대개시일 당시 6억원(수도권 밖의 지역인 경우에는 3억원) 이하인 주택

🚨 2018. 09. 14 이후 1주택 이상 소유한 1세대가 조정대상지역 내에서 매입하는 주택을 장기일반민간임대주택으로 등록하더라도 양도소득세 중과 배제 대상에서 제외한다.

③ 「조세특례제한법」에 따라 양도소득세가 감면되는 임대주택으로서 5년 이상 임대한 감면대상 장기임대주택

④ 종업원에게 무상으로 제공하는 사용자 소유의 주택으로서 무상제공기간이 10년 이상인 장기사원용주택

⑤ 「조세특례제한법」에 따라 양도소득세가 감면되는 주택

⑥ 문화재주택

⑦ 상속받은 주택(상속받은 날부터 5년이 경과하지 아니한 경우)

⑧ 저당권의 실행으로 인하여 취득하거나 채권변제를 대신하여 취득한 주택으로서 취득일부터 3년이 경과하지 아니한 주택

⑨ 지방자치단체장의 인가를 받고 사업자등록을 한 후 5년 이상 가정어린이집으로 사용하고, 가정어린이집으로 사용하지 않은 날부터 6개월이 경과하지 아니한 주택
⑩ 1세대가 ①호부터 ⑨호까지에 해당하는 주택을 제외하고 1개의 주택만을 소유하고 있는 경우의 해당 주택
⑪ 「소득세법 시행령」 제155조 제20항에 따라 장기임대주택과 그 밖의 1주택(거주주택)을 보유하는 경우로서 국내에 1개의 주택을 소유하고 있는 것으로 보아 양도소득세 비과세가 적용되는 거주주택

2 주택자의 중과 제외 주택

① 3주택 이상자의 중과 제외 대상 주택
② 취학 등 부득이한 사유로 취득한 주택으로서 취득 당시 기준시가가 3억원 이하인 경우로서 해당 사유가 해소된 날부터 3년 이내 해당 주택을 양도하는 경우
③ 부모 봉양합가일로부터 10년 이내 양도하는 주택
④ 혼인 합가일로부터 5년 이내 양도하는 주택
⑤ 소송이 진행 중이거나 소송결과에 따라 취득한 주택
⑥ 일시적 1세대 2주택인 경우 종전 주택(다른 주택을 취득한 날부터 3년이 지나지 않은 경우에 한정)
⑦ 양도 당시 기준시가가 1억원 이하인 주택(「도시 및 주거환경정비법」에 따른 정비구역 내^內 주택은 제외)
⑧ 1세대가 ①호부터 ⑤호까지의 규정에 해당하는 주택을 제외하고 1개의 주택만을 소유하고 있는 경우 그 해당 주택
⑨ 1세대 1주택자가 상속으로 2주택이 된 경우로서 국내에 1개의 주택을 소유하고 있는 것으로 보아 양도소득세 비과세가 적용되는 일반주택
⑩ 「소득세법 시행령」 제155조 제20항에 따라 장기임대주택과 그 밖의 1주택(거주주택)을 보유하는 경우로서 국내에 1개의 주택을 소유하고 있는 것으로 보아 양도소득세 비과세가 적용되는 거주주택

10. 1세대 2주택 중과세율이 적용되는 주택 양도

한눈에 보는 양도소득세 Navi

양도 부동산현황	취득의 유형	**매매** ☑	증여	상속
	세대의 주택 수	1주택 ☐ 2주택 ☑ 3주택 이상 ☐		
	중과세 적용 제외 주택	예 ☐ 아니요 ☑		
	보유기간	2년 미만 ☐ 2년 이상 ☐ 3년 이상 ☑		
	거주기간	2년 미만 ☐ 2년 이상 ☑		
	양도 시 조정대상지역	예 ☑ 아니요 ☐		
세금계산	1세대 1주택 비과세	예 ☐ 아니요 ☑		
	장기보유특별공제율	[표1] 6~30% ☐ [표2] 20~80% ☐ 미적용 ☑		
	세율(기본/단기/중과)	기본세율 ☐ 단기세율 ☐ 중과세율 ☑		

기본정보

(단위: 원)

양도	세대의 주택 수	2주택	양도 주택은 중과세율 적용 대상 * 일시적 2주택 비과세 특례대상에 해당하지 않음
	양도일자	2022. 05. 31	
	양도가액	850,000,000	
취득	취득일자	2016. 02. 01	
	취득가액	600,000,000	
필요경비		10,000,000	
보유 및 거주기간	보유기간	6년	
	거주기간	2년	양도 시 조정대상지역

One Point 일시적 1세대 2주택 비과세 특례 적용을 위한 최대 중복 보유기간

종전 주택 소재지	신규주택 소재지	중복 보유기간 및 전입요건		
조정대상지역	비조정대상지역	• 중복 보유기간: 3년 이내 • 전입요건: 없음		
비조정대상지역	조정대상지역			
조정대상지역	조정대상지역	신규주택 취득시기	2018. 09. 14 ~ 2019. 12. 16	• 중복 보유기간: 2년 이내 • 전입요건: 없음
			2019. 12. 17 ~	• 중복 보유기간: 1년 이내[주] • 전입요건: 1년 이내[주]

주) 신규 주택에 기존 임차인이 있어 전입할 수 없는 경우에는 전입기간과 양도기간을 임대차계약 종료일까지(신규주택 취득일로부터 최대 2년 한도, 신규주택 취득일 이후 갱신되는 임대차계약은 불인정) 연장된다.

 계산사례

(단위: 원)

양도가액	850,000,000
취득가액	600,000,000
필요경비	10,000,000
양도차익	**240,000,000**
ㄴ 비과세대상 양도차익	-
ㄴ 과세대상 양도차익	240,000,000
장기보유특별공제　　　0%	-
양도소득금액	240,000,000
기본공제	2,500,000
과세표준	237,500,000
세율　　(중과세 대상 2주택 보유)　기본세율 + 20%p	58%
누진공제	19,400,000
양도소득세 산출세액	118,350,000
개인지방소득세	11,835,000
총부담세액	130,185,000

(단위: 원)

양도소득세	개인지방소득세	총합계
118,350,000	11,835,000	130,185,000
2022. 7. 31까지 신고납부	2022. 9. 30까지 신고납부	

One Point 다주택자 양도소득세 중과 제도

1 다주택자 양도소득세중과 적용 요건

다음의 모든 요건(① + ② + ③)을 충족하는 경우에 다주택자 양도소득세 중과세율이 적용되고, 장기보유특별공제를 적용하지 않는다.

① 주택을 양도하는 시점에 해당 주택이 조정대상지역에 소재할 것
  단, 조정대상지역 공고일 이전에 해당 지역의 주택을 양도하기 위하여 매매계약을 체결하고 계약금을 지급받은 사실이 증빙서류에 의하여 확인되는 주택은 제외한다.
② 중과 대상 주택 수가 2주택 이상일 것
③ 중과 제외 주택에 해당하지 않을 것

Point 다주택자의 양도소득세 중과 제도

구 분	일반적인 경우	중과 대상 2주택	중과 대상 3주택 이상
양도소득세율	기본세율	기본세율 + 20%p	기본세율 + 30%p
장기보유특별공제	적용	적용 배제	

2 중과 대상 주택 수 판정 기준

① 다주택자의 중과 대상 주택 수는 세대단위로 판정한다.
② 중과 대상 주택 수 판정 시 다음의 주택과 주택을 취득할 수 있는 권리를 포함한다.

번호	구 분	주택 수 산정	비 고
①	조합원입주권	주택 수에 포함	-
②	주택분양권	2021. 01. 01 이후 취득한 주택분양권부터 주택 수에 포함	2020. 12. 31 이전 취득한 주택분양권은 주택 수에서 제외
③	주거용 오피스텔	주택 수에 포함	• 사실상 주거용으로 사용하는 오피스텔을 말함 • 업무용 오피스텔은 제외

번호	구 분	주택 수 산정	비 고
④	다가구주택	주택 수에 포함	거주자의 선택에 따라 하나의 주택으로 볼 수 있음
⑤	공동상속주택	지분이 가장 큰 상속자의 주택 수에 포함	소수지분권자는 주택 수에서 제외
⑥	공동소유주택	공동소유자 각자의 주택 수에 포함	-
⑦	장기임대사업자의 임대주택	주택 수에 포함	거주주택 비과세 특례 적용 시 주택 수에서 제외
⑧	「조특법」에 따른 양도소득세 감면주택	주택 수에 포함	1세대 1주택 비과세 판정 시 주택 수에서 제외

③ 수도권(경기도 읍·면지역 제외), 광역시(군지역 제외), 세종특별자치시(읍·면지역 제외)에 소재하고 있는 모든 주택과 주택을 취득할 수 있는 권리(주택분양권은 2021. 01. 01 이후 취득분)는 중과 대상 주택 수에 포함한다.

④ 경기도 읍·면지역, 광역시 군지역, 세종특별자치시 읍·면지역과 수도권·광역시·세종특별자치시 밖의 지역에 소재하고 있는 주택과 주택을 취득할 수 있는 권리(주택분양권은 2021. 01. 01 이후 취득분)는 기준시가·종전 주택의 가격·공급가격 3억원을 초과하는 경우에만 중과 대상 주택 수에 포함한다.

P☆int 지역기준 및 가액기준에 따른 중과 대상 주택 수 포함 기준

가액기준 \ 지역기준	• 수도권(경기도 읍·면지역 제외) • 광역시(군지역 제외) • 세종시(읍·면지역 제외)	• 경기도 읍·면지역 • 광역시 군지역 • 세종시 읍·면지역	기타
기준시가[주] 3억원 초과	포함	포함	포함
기준시가[주] 3억원 이하	포함	제외	제외

주) 조합원입주권의 경우 「도시 및 주거환경정비법」 제74조 1항 제5호에 따른 종전 주택의 가격, 주택분양권의 경우 주택에 대한 공급계약서상의 공급가격(선택품목에 대한 가격은 제외)으로 한다.

11 1세대 3주택 중과세율이 적용되는 주택 양도

한눈에 보는 양도소득세 Navi

	취득의 유형	매매	증여	상속
양도 부동산 현황	세대의 주택 수	1주택 ☐ 2주택 ☐ 3주택 이상 ☑		
	중과세 적용 제외 주택	예 ☐ 아니요 ☑		
	보유기간	2년 미만 ☑ 2년 이상 ☐ 3년 이상 ☐		
	거주기간	2년 미만 ☑ 2년 이상 ☐		
	양도 시 조정대상지역	예 ☑ 아니요 ☐		
세금 계산	1세대 1주택 비과세	예 ☐ 아니요 ☑		
	장기보유특별공제율	[표1] 6~30% ☐ [표2] 20~80% ☐ 미적용 ☑		
	세율(기본/단기/중과)	기본세율 ☐ 단기세율 ☑ 중과세율 ☑		

기본정보

(단위: 원)

양도	세대의 주택 수	4주택	• 양도 주택은 중과세율 적용 대상 • 수도권소재 4주택 보유
	양도일자	2022. 05. 31	
	양도가액	1,800,000,000	
취득	취득일자	2021. 10. 01	
	취득가액	300,000,000	
필요경비		10,000,000	
보유 및 거주기간	보유기간	1년 미만	
	거주기간	없음	양도 시 조정대상지역

One Point 보유기간 2년 미만 & 중과세율이 적용되는 주택의 양도소득세율

양도 주택 보유 기간	양도소득세율	
	1세대 2주택	1세대 3주택 이상
~1년 미만	70%와 기본세율 + 20%p 중 세부담이 큰 것	70%와 기본세율 + 30%p 중 세부담이 큰 것
1년 이상 ~2년 미만	60%와 기본세율 + 20%p 중 세부담이 큰 것	60%와 기본세율 + 30%p 중 세부담이 큰 것

📊 계산사례

(단위: 원)

양도가액	1,800,000,000
취득가액	300,000,000
필요경비	10,000,000
양도차익	**1,490,000,000**
└ 비과세대상 양도차익	-
└ 과세대상 양도차익	1,490,000,000
장기보유특별공제 　　　　　　0%	-
양도소득금액	1,490,000,000
기본공제	2,500,000
과세표준	1,487,500,000
세율 (중과세율 적용 대상 & 보유 1년 미만 / 기본세율 + 30%p와 단기세율 비교)	75%
누진공제	65,400,000
양도소득세 산출세액	1,050,225,000
개인지방소득세	105,022,500
총부담세액	**1,155,247,500**

(단위: 원)

양도소득세	개인지방소득세	총합계
1,050,225,000	105,022,500	1,155,247,500
2022. 7. 31까지 신고납부	2022. 9. 30까지 신고납부	

One Point 다주택자 양도소득세 중과 적용 주택 판정 절차와 사례

1 다주택자 양도소득세 중과 적용 주택 판정 절차

1단계 양도하는 주택이 조정대상지역 내^內에 있는가?
① 조정대상지역 외^外에 있는 경우 → 중과 배제
② 조정대상지역 내^內에 있는 경우 → **2단계** 검토

↓

2단계 양도하는 주택이 중과 대상 주택(지역기준·가액기준)에 해당하는가?

가액기준 \ 지역기준	• 수도권 • 광역시 • 세종시	• 경기도 읍·면지역 • 광역시 군지역 • 세종시 읍·면지역	기타
기준시가 3억원 초과	포함	포함	포함
기준시가 3억원 이하	포함	제외	제외

↓

3단계 전체 보유한 주택 중 중과 대상 주택 수는 몇 채인가?
① 중과 대상 주택 수 2주택 미만 → 중과 배제
② 조정대상지역 내^內에 있는 경우 → **4단계** 검토

↓

4단계 중과 배제되는 주택에 해당되는가?
① 중과 제외 주택에 해당하는 경우 → 중과 배제
② 중과 제외 주택에 해당하지 않는 경우 → 중과 적용

↓

5단계 중과 적용
① 중과 대상 주택 수: 2주택
　→ 장기보유특별공제 배제 & 기본세율 + 20%p
② 중과 대상 주택 수: 3주택 이상
　→ 장기보유특별공제 배제 & 기본세율 + 30%p

2 양도소득세 중과 적용 여부 판정 사례

사례① 주택 보유 및 양도 현황

주택	소재지	기준시가	양도주택	중과 판정
A	서울특별시 강남구	10억원		
B주)	경기도 용인시 수지구	6억원		
C	대구광역시 수성구	5억원	O	중과 적용 3주택

주) 2018. 09. 13 이전에 매입하여 지방자치단체와 세무서에 주택임대사업자로 등록하였으며, 임대개시일 당시 기준시가 6억원 이하 & 임대기간 5년 이상 임대한 주택으로 가정

☐ 양도 주택의 양도소득세 중과 적용 여부 판정

1단계 → 2단계 · 3단계 → 4단계 → 5단계

조정대상지역 소재	중과 대상 주택 수 [2주택 이상]	중과 제외 주택	중과 적용	
O | X	**O** | X	O | **X**	☐	2주택
			✓	3주택 이상

사례② 주택 보유 및 양도 현황

주택	소재지	기준시가	양도주택	중과 판정
A	서울특별시 강남구	10억원		
B	서울특별시 강북구	5억원		
C	충청북도 청주시	2억원	O	중과 제외

☐ 양도 주택의 양도소득세 중과 적용 여부 판정

1단계 → 2단계 · 3단계 → 4단계 → 5단계

조정대상지역 소재	중과 대상 주택 수 [2주택 이상]	중과 제외 주택	중과 적용	
O | X	O | X	**O**✓ | X	☐	2주택
			☐	3주택 이상

12 보유기간 2년 미만 주택 양도

한눈에 보는 양도소득세 Navi

	취득의 유형	**매매**	증여	상속
양도 부동산 현황	세대의 주택 수	1주택 ✓ 2주택 ☐ 3주택 이상 ☐		
	최종 1주택 2년 이상	예 ☐ 아니요 ✓		
	보유기간	2년 미만 ✓ 2년 이상 ☐ 3년 이상 ☐		
	거주기간	2년 미만 ✓ 2년 이상 ☐		
	취득 시 조정대상지역	예 ✓ 아니요 ☐		
세금 계산	1세대 1주택 비과세	예 ☐ 아니요 ✓		
	장기보유특별공제율	[표1] 6~30% ☐ [표2] 20~80% ☐ 미적용 ✓		
	세율(기본/단기/중과)	기본세율 ☐ 단기세율 ✓ 중과세율 ☐		

기본정보

(단위: 원)

양도	세대의 주택 수	1주택	최종 1주택 이후 보유·거주기간 2년 미충족
	양도일자	2022. 05. 31	
	양도가액	850,000,000	
취득	취득일자	2020. 10. 01	취득 시 조정대상지역
	취득가액	500,000,000	
필요경비		10,000,000	
보유 및 거주기간	보유기간	1년	
	거주기간	없음	

One Point 보유기간 2년 미만 주택의 양도소득세율

양도 주택 보유기간	양도소득세율
~1년 미만	70%
1년 이상~2년 미만	60%

 **계산사례**

(단위: 원)

양도가액	850,000,000
취득가액	500,000,000
필요경비	10,000,000
양도차익	340,000,000
└ 비과세대상 양도차익	–
└ 과세대상 양도차익	340,000,000
장기보유특별공제 0%	–
양도소득금액	340,000,000
기본공제	2,500,000
과세표준	337,500,000
세율 (보유기간 1년 이상 2년 미만, 단기세율 60%)	60%
누진공제	–
양도소득세 산출세액	202,500,000
개인지방소득세	20,250,000
총부담세액	222,750,000

(단위: 원)

양도소득세	개인지방소득세	총합계
202,500,000	20,250,000	222,750,000
2022. 7. 31까지 신고납부	2022. 9. 30까지 신고납부	

13. 「조세특례제한법 99조의2」에 해당하는 감면주택(미분양주택)의 양도

한눈에 보는 양도소득세 Navi

	취득의 유형	매매	증여	상속
양도 부동산 현황	세대의 주택 수	1주택 ☐ 2주택 ☑ 3주택 이상 ☐		
	중과세 적용 제외 주택	예 ☑ 아니요 ☐		
	보유기간	2년 미만 ☐ 2년 이상 ☐ 3년 이상 ☑		
	거주기간	2년 미만 ☐ 2년 이상 ☑		
	양도 시 조정대상지역	예 ☑ 아니요 ☐		
	조세특례제한법 99조의2 요건 충족	예 ☑ 아니요 ☐		
	계약 또는 취득 후 지분 증여	예 ☐ 아니요 ☑		
세금계산	1세대 1주택 비과세	예 ☐ 아니요 ☑		
	장기보유특별공제율	[표1] 6~30% ☑ [표2] 20~80% ☐ 미적용 ☐		
	세율(기본/단기/중과)	기본세율 ☑ 단기세율 ☐ 중과세율 ☐		

기본정보

(단위: 원)

양도	세대의 주택 수	2주택	중과세율 적용 제외 주택
	양도일자	2022. 05. 31	
	양도가액	1,500,000,000	기준시가 정보 ⓘ 양도 시: 8억원 ⓘⓘ 취득일로 5년이 되는 날: 6억원 ⓘⓘⓘ 취득 시: 2억원
취득	취득일자	2015. 01. 01	
	취득가액	500,000,000	
필요경비		10,000,000	
보유 및 거주기간	보유기간	7년	
	거주기간	3년	취득 시 비조정대상지역 양도 시 조정대상지역

추가정보

분양계약서 또는 매매계약서에 감면주택임을 확인하는 날인을 지자체장으로부터 받았는가?	예 ☑	아니요 ☐
최초 계약 후 매매, 증여 등으로 소유권 변동이 있었는가?	예 ☐	아니요 ☑

계산사례

(단위: 원)

	감면 미적용	감면 적용
양도가액	1,500,000,000	1,500,000,000
취득가액	500,000,000	500,000,000
필요경비	10,000,000	10,000,000
양도차익	990,000,000	990,000,000
┗ 비과세대상 양도차익	–	–
┗ 과세대상 양도차익	990,000,000	990,000,000
장기보유특별공제 (보유 7년, 14%)	138,600,000	138,600,000
양도소득금액	851,400,000	851,400,000
┗ 과세대상 양도소득	851,400,000	283,800,000
┗ 감면대상 양도소득		567,600,000
기본공제	2,500,000	2,500,000
과세표준	848,900,000	281,300,000
세율	42%	38%
누진공제	35,400,000	19,400,000
산출세액	321,138,000	87,494,000
감면세액		233,644,000
결정세액		87,494,000
농어촌특별세액 (감면세액의 20%)		46,728,800
양도소득세 산출세액	321,138,000	87,494,000
개인지방소득세	32,113,800	8,749,400
총부담세액	353,251,800	142,972,200

안내 설명:
- 양도소득금액을 기준시가로 안분
- 감면대상 양도소득 = 양도소득 × (6억원 − 2억원) / (8억원 − 2억원)
- 보유 7년
- 중과세율 적용 제외, 기본세율
- 감면세액 = 감면 미적용 시 산출세액 − 감면 적용 시 산출세액

(단위: 원)

양도소득세	농어촌특별세	개인지방소득세	총합계
87,494,000	46,728,800	8,749,400	142,972,200
2022. 7. 31까지 신고납부	2022. 9. 30까지 신고납부		

One Point 「조세특례제한법 99조의2」에 해당하는 감면주택의 양도(미분양주택)

1 개요
거주자 또는 비거주자가 일정 요건을 충족하는 신축주택, 미분양주택 등을 2013년 4월 1일부터 2013년 12월 31일까지 최초로 매매계약을 체결하여 그 계약에 따라 취득한 경우에 해당 주택의 취득일부터 5년간 발생한 양도소득금액을 해당 주택의 양도소득세 과세대상소득금액에서 공제한다.

🚨 최초 매매계약을 체결하여 취득한 경우에 한하므로, 감면주택을 분양받은 자가 분양권 상태에서 지분의 일부를 배우자에게 증여하여 부부 공동으로 취득하는 경우에 증여로 취득한 지분은 특례 적용할 수 없다.

2 감면주택의 범위
○ 다음의 요건을 모두 충족하는 경우에 특례 적용한다.
① 법령(조특령§99의2)으로 정하는 신축주택, 미분양주택 또는 1세대 1주택자의 주택으로서 취득가액이 6억원 이하이거나 주택의 연면적(공동주택의 경우에는 전용면적)이 85㎡ 이하인 주택
② 취득기간: 2013년 4월 1일부터 2013년 12월 31일까지(2013년 12월 31일까지 매매계약을 체결하고 계약금을 지급한 경우를 포함한다)
③ 취득계약 시 거래상대방: 주택법에 따라 주택을 공급하는 사업주체, 주택건설사업자, 주택도시보증공사, 주택의 시공자, 기업구조조정부동산투자회사 등, 신탁업자, 주택을 건설한 자 및 분양사업자 또는 건축주, 감면대상기존주택 양도자 포함
④ 매매계약서상에 신축주택 등임을 확인하는 날인(조특법§99의2에 해당함을 표시)을 시장·군수·구청장으로부터 받은 경우

🚨 양도소득세의 감면은 감면 대상 주택임을 확인하는 날인을 득하여 납세지 관할 세무서장에게 제출한 경우에만 적용한다.

○ 다음의 주택은 감면주택에서 제외한다.
① 실제 거래가액이 6억원을 초과하고 연면적이 85㎡ 초과하는 경우
② 2013년 3월 31일 이전에 체결한 매매계약이 과세특례 취득기간 중 해제된 경우
③ 그 외 조특령§99의2에서 열거한 제외 주택

3 감면주택의 특례사항 및 납부의무

① 감면주택을 양도하는 경우, 해당 주택을 취득일부터 5년 이내에 양도함으로써 발생하는 양도소득에 대하여는 양도소득세의 100분의 100에 상당하는 세액을 감면하고, 취득일부터 5년이 지난 후에 양도하는 경우에는 해당 주택의 취득일부터 5년간 발생한 양도소득금액을 해당 주택의 양도소득세 과세대상소득금액에서 공제한다.

② 다른 주택을 양도하는 경우 감면주택은 거주자의 소유주택으로 보지 아니하고, 양도주택의 1세대 1주택 비과세 충족 여부를 판단한다.

> 🚨 감면주택을 보유한 상태에서 일반주택을 양도할 때 특례에 따라서 일반주택을 비과세 적용받은 후, 감면대상 주택을 1세대 1주택 비과세 적용하기 위한 보유기간의 기산일은 비과세되는 일반주택 양도일의 다음 날이 된다.

③ 감면주택을 양도하는 경우 중과세 배제한다.

④ 감면받은 양도소득세 산출세액에 대해서 20%를 농어촌특별세로 납부하여야 한다.

4 취득일로부터 5년간 발생한 양도소득금액 계산

전체 양도소득금액에서 취득 당시, 취득일부터 5년이 되는 날, 양도 당시 기준시가로 안분한 아래의 금액을 양도소득세 과세대상소득금액에서 공제한다.

$$\text{양도소득금액} \times \left(\frac{\text{취득일로부터 5년이 되는 날의 기준시가} - \text{취득 당시 기준시가}}{\text{양도 당시 기준시가} - \text{취득 당시 기준시가}} \right)$$

5 감면주택이 1세대 1주택 양도소득세 비과세에 해당하는 경우

○ 감면주택이 1세대 1주택 비과세 요건도 충족하는 경우에 납세자는 비과세와 감면주택 적용 중 어느 하나를 선택하는 것이 아니라 동시 적용한다.

○ 1세대가 양도하는 「조세특례제한법 제99조의2」에 해당하는 1개의 감면대상 주택이 비과세되는 고가주택에 해당하는 경우 양도차익 중 양도가액 12억원 초과하는 부분만 과세대상 양도차익으로 적용(소득법§95의3, 소득령§160)한 후, 「조세특례제한법 99조의2」의 규정을 적용한다.

14. 최종 1주택[임대주택]을 거주주택으로 전환한 후(後) 양도

🔍 한눈에 보는 양도소득세 Navi

	취득의 유형	매매	증여	상속
양도 부동산 현황	세대의 주택 수	1주택 ✓ 2주택 ☐ 3주택 이상 ☐		
	최종 1주택 2년 이상	예 ✓ 아니요 ☐		
	보유기간	2년 미만 ☐ 2년 이상 ☐ 3년 이상 ✓		
	거주기간	2년 미만 ☐ 2년 이상 ✓		
	취득 시 조정대상지역	예 ☐ 아니요 ✓		
세금계산	1세대 1주택 비과세	예 ✓ 아니요 ☐		
	장기보유특별공제율(직전거주주택 양도 이전)	[표1] 6~30% ✓ [표2] 20~80% ☐ 미(未)적용 ☐		
	장기보유특별공제율(직전거주주택 양도 이후)	[표1] 6~30% ☐ [표2] 20~80% ✓ 미(未)적용 ☐		
	세율(기본/단기/중과)	기본세율 ✓ 단기세율 ☐ 중과세율 ☐		

📊 기본정보
(단위: 원)

양도	세대의 주택 수	1주택	최종 1주택 이후 보유기간 2년 충족
	양도일자	2022. 05. 31	기준시가 정보
	양도가액	1,500,000,000	ⓘ 양도 시: 8억원
취득	취득일자	2015. 01. 01	ⓘⓘ 직전거주주택 양도일: 6억원
	취득가액	500,000,000	ⓘⓘⓘ 취득 시: 2억원
필요경비		10,000,000	
보유 및 거주기간	보유기간	7년	
	거주기간	3년	취득 시 비(非)조정대상지역

One Point 직전거주주택보유주택의 양도소득금액 안분(고가주택)(소득령161조②항)

1. 직전거주주택 양도일 이전 보유기간분 양도소득금액

$$\text{소득세법 95조1항 양도소득금액} \times \left(\frac{\text{직전거주주택의 양도 당시 직전거주주택보유주택의 기준시가} - \text{직전거주주택보유주택의 취득 당시 기준시가}}{\text{직전거주주택보유주택의 양도 당시 기준시가} - \text{직전거주주택보유주택의 취득 당시 기준시가}} \right)$$

2. 직전거주주택 양도일 이후 보유기간분 양도소득금액

$$\text{소득세법 95조1항 양도소득금액} \times \left(\frac{\text{직전거주주택보유주택의 양도 당시 기준시가} - \text{직전거주주택의 양도 당시 직전거주주택보유주택의 기준시가}}{\text{직전거주주택보유주택의 양도 당시 기준시가} - \text{직전거주주택보유주택의 취득 당시 기준시가}} \right) \times \left(\frac{\text{양도가액} - 12\text{억원}}{\text{양도가액}} \right)$$

계산사례

(단위: 원)

	직전거주주택 양도 이전	직전거주주택 양도 이후	합계
양도가액			1,500,000,000
취득가액			500,000,000
필요경비			10,000,000
양도차익	660,000,000	330,000,000	990,000,000
└ 비과세대상 양도차익		264,000,000	264,000,000
└ 과세대상 양도차익	660,000,000	66,000,000	726,000,000
장기보유특별공제	14% 92,400,000	40% 26,400,000	118,800,000
양도소득금액	보유 7년	보유 7년, 거주 3년	607,200,000
기본공제			2,500,000
과세표준			604,700,000
세율		기본세율	42%
누진공제			35,400,000
양도소득세 산출세액			218,574,000
개인지방소득세			21,857,400
총부담세액			240,431,400

- 양도차익을 기준시가 비율로 안분
- 직전거주주택 양도 이전 분은 과세
- 양도차익 × (12억원 / 15억원)

(단위: 원)

양도소득세	개인지방소득세	총합계
218,574,000	21,857,400	240,431,400
2022. 7. 31까지 신고납부	2022. 9. 30까지 신고납부	

One Point 최종 1주택의 임대주택을 거주주택으로 전환한 후 양도

1 거주주택 비과세 특례 적용을 위한 '임대주택'의 요건

구 분	요 건
① 면적요건	ⅰ) 매입임대주택: 임대개시일 당시 기준시가 6억원(수도권 밖 3억원) 이하
② 가액요건	ⅱ) 건설임대주택: 주택 연면적 149㎡ 이하 + 2호 이상 + 임대개시일 기준시가 6억원 이하
③ 임대유형	장기임대(의무임대기간 8년 이상, 2020.08.18 이후 신규 등록임대주택은 10년 이상) * 단기임대(의무임대기간 4년 이상): 5년 이상 의무임대기간을 충족하면 가능
④ 임대기간	2020. 07. 10 이전 등록 임대주택: 단기임대·장기임대 5년 이상 2020. 07. 11~2020. 08. 17 등록 임대주택: 장기임대(매입 아파트 제외) 8년 이상 2020. 08. 18 이후 등록 임대주택: 장기임대 10년 이상
⑤ 임대료 증액제한	• 종전 임대료(임대보증금과 월임대료 포함)의 5% 이내 • 임대차계약 또는 약정한 임대료의 증액이 있은 후 1년 이내에는 증액 불가
⑥ 등록요건	지방자치단체 및 세무서에 임대주택으로 등록

○ 2018. 09. 14 이후 1주택 이상 소유한 1세대가 조정대상지역 내(內)에서 취득하는 주택을 장기임대주택으로 등록한 경우를 포함한다.
○ 2020. 07. 11~2020. 08. 17 사이에 단기민간임대를 장기일반민간임대로 전환한 모든 주택과 매입 장기일반민간임대로 등록한 아파트는 적용 제외한다.
○ 임대주택을 임대하지 않은 기간이 6개월이 지난 경우에는 의무임대기간의 요건을 충족하지 못한 사유에 해당한다.

2 최종 1주택의 임대주택을 거주주택으로 전환한 후 양도

○ 종전에 보유하고 있던 장기임대주택을 거주주택으로 전환한 후 양도하는 경우에 2019. 02. 11 이전에 취득하여 보유한 주택은 종전 규정에 따라 직전에 거주한 주택의 양도일 이후의 양도차익에 대하여 비과세를 적용하지만, 아래의 사례와 같이 2019. 02. 12 이후 취득한 장기임대주택 ⓒ 을 거주주택으로 전환한 경우에는 전체 양도차익에 대해 과세된다.

○ 최종적으로 장기임대주택 1채 ⓓ 만 보유하게 된 후 해당 주택을 거주주택(2년 이상 거주)으로 전환하는 경우에는 직전 거주주택 양도 후 양도차익분에 대해서 비과세된다.

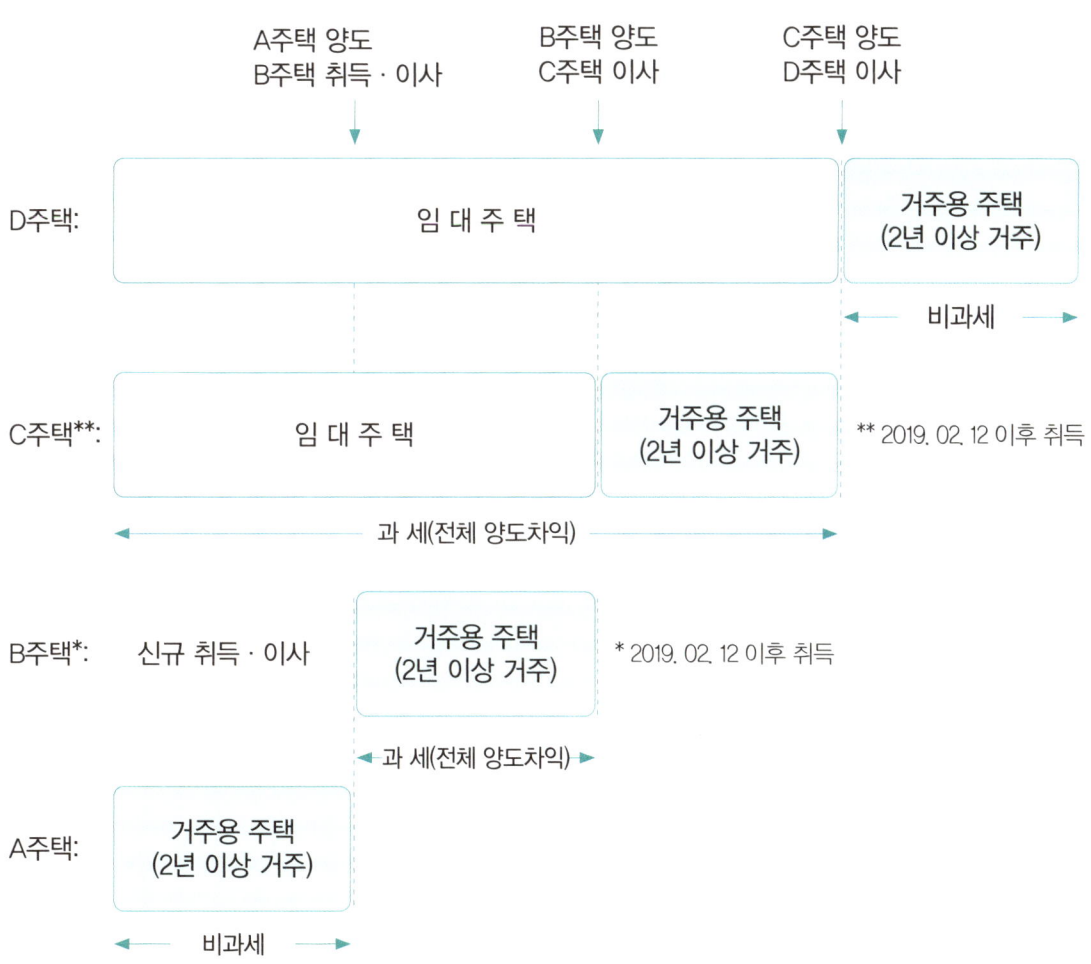

15 양도소득세 중과 배제 요건을 충족한 임대주택 양도

한눈에 보는 양도소득세 Navi

	취득의 유형	매매	증여	상속
양도 부동산 현황	세대의 주택 수	1주택 ☐ 2주택 ☐ 3주택 이상 ☑		
	중과세 적용 제외 주택	예 ☑ 아니요 ☐		
	보유기간	2년 미만 ☐ 2년 이상 ☐ 3년 이상 ☑		
	거주기간	2년 미만 ☑ 2년 이상 ☐		
	양도 시 조정대상지역	예 ☑ 아니요 ☐		
	임대기간 등 의무 준수	예 ☑ 아니요 ☐		
	임대주택 중과 제외 요건 충족	예 ☑ 아니요 ☐		
세금계산	1세대 1주택 비과세	예 ☐ 아니요 ☑		
	장기보유특별공제율	[표1] 6~30% ☑ [표2] 20~80% ☐ 미적용 ☐		
	세율(기본/단기/중과)	기본세율 ☑ 단기세율 ☐ 중과세율 ☐		

기본정보
(단위: 원)

	세대의 주택 수	3주택	
양도	양도일자	2022. 05. 31	중과세율 적용 제외 주택
	양도가액	800,000,000	① 임대주택 등록일: 2018. 02. 01
취득	취득일자	2018. 01. 01	② 임대기간: 단기임대 4년
	취득가액	300,000,000	③ 자동 등록말소일: 2022. 02. 01
필요경비		10,000,000	
보유 및 거주기간	보유기간	4년	
	거주기간	1년 미만	양도 시 조정대상지역

추가정보

양도 주택의 소재지가 조정대상지역인가?	예 ☑ 아니요 ☐
양도소득세 중과 배제 요건을 충족한 임대주택인가?	예 ☑ 아니요 ☐

 계산사례

(단위: 원)

양도가액		**800,000,000**
취득가액		**300,000,000**
필요경비		**10,000,000**
양도차익		**490,000,000**
└ 비과세대상 양도차익		–
└ 과세대상 양도차익		490,000,000
장기보유특별공제	보유 4년 8%	**39,200,000**
양도소득금액		450,800,000
기본공제		2,500,000
과세표준		448,300,000
세율	기본세율	40%
누진공제		25,400,000
양도소득세 산출세액		153,920,000
개인지방소득세		15,392,000
총부담세액		169,312,000

(단위: 원)

양도소득세	개인지방소득세	총합계
153,920,000	15,392,000	169,312,000
2022. 7. 31까지 신고납부	2022. 9. 30까지 신고납부	

One Point 임대주택에 대한 다주택자 양도소득세 중과 제외 요건

1 임대주택에 대한 다주택자 양도소득세 중과 제외 요건

구분	임대유형		호수	면적요건	기준시가	임대기간	임대주택 등록시점
가목	매입임대	단기 장기	1호	–	임대개시일 6억원 (수도권 밖 3억)	5년	2018. 03. 31 이전 등록
다목	건설임대	단기 장기	2호	연면적 149㎡ 이하	임대개시일 6억원	5년	2018. 03. 31 이전 등록
마목	매입임대[주1]	장기	1호	–	임대개시일 6억원 (수도권 밖 3억원)	8년	2018. 04. 01 ~ 2020. 08. 17 등록[주2]
						10년	2020. 08. 18 이후 등록
바목	건설임대	장기	2호	연면적 149㎡ 이하	임대개시일 6억원	8년	2018. 04. 01 ~ 2020. 08. 17 등록
						10년	2020. 08. 18 이후 등록
사목	가목 및 다목부터 마목까지의 규정에 따라 2020. 08. 17 이전에 등록된 임대주택(장기일반민간임대주택 중 아파트를 임대하는 민간매입임대주택과 단기민간임대주택으로 한정)이 「민간임대주택에 관한 특별법」 제6조 제1항 제11호에 따라 임대사업자의 임대의무기간 내 등록 말소 신청으로 등록이 말소된 경우(임대의무기간의 2분의 1 이상을 임대한 경우로 한정)로서 등록 말소 이후 1년 이내 양도하는 주택						

주1) 2018. 09. 14 이후 1주택 이상 소유한 1세대가 조정대상지역 내[註]에서 취득하는 주택을 장기임대주택으로 등록하더라도 양도소득세 중과 배제 제외

주2) 2020. 07. 11 ~ 2020. 08. 17 사이에 단기민간임대를 장기일반민간임대로 전환한 모든 주택과 매입 장기일반민간임대로 등록한 아파트는 적용 제외

 추가 요건

① 등록요건	지방자치단체 및 세무서에 임대주택으로 등록
② 임대료 증액 제한	• 종전 임대료(임대보증금과 월임대료 포함)의 5% 이내* 　* 2019. 02. 12 이후 주택임대차계약을 새롭게 체결 또는 갱신분부터 적용 • 임대차계약 또는 약정한 임대료의 증액이 있은 후 1년 이내에는 증액 불가

2 「민간임대주택에 관한 특별법」 개정에 따른 보완조치

○ 자진 등록말소의 경우 「민간임대주택에 관한 특별법」상 의무임대기간의 1/2 이상 임대한 경우만 아래의 보완조치를 적용한다.

○ 자진·자동 등록말소로 인해 소득세법 및 법인세법의 의무임대기간[주]을 충족하지 않고 임대주택을 양도하는 경우에도 다주택자 양도소득세 중과 배제 및 법인세 추가과세를 배제한다.

주) 의무임대기간: 단기 5년, 장기 8년 이상

○ 자진 등록말소의 경우 임대주택 등록말소 후 1년 내 양도하는 경우에 한하여 중과 배제한다.

	임대주택 자진 등록말소	임대주택 자동 등록말소
임대주택에 대한 양도소득세 중과 배제 요건	• 의무임대기간의 1/2 이상 임대 • 자진 등록말소 후 해당 임대주택을 1년 이내 양도	• 단기임대: 4년 의무임대기간 종료 • 장기일반임대(아파트): 8년 의무임대기간 종료

16. 장기보유특별공제 특례(50%)가 적용되는 장기일반민간임대주택[아파트] 양도

🔍 한눈에 보는 양도소득세 Navi

<table>
<tr><td rowspan="8">양도부동산현황</td><td>취득의 유형</td><td colspan="3">**매매** ✔   증여   상속</td></tr>
<tr><td>세대의 주택 수</td><td colspan="3">1주택 ✔   2주택 ☐   3주택 이상 ☐</td></tr>
<tr><td>최종 1주택 2년 이상</td><td colspan="3">예 ☐   아니요 ✔</td></tr>
<tr><td>보유기간</td><td colspan="3">2년 미만 ☐   2년 이상 ☐   3년 이상 ✔</td></tr>
<tr><td>거주기간</td><td colspan="3">2년 미만 ✔   2년 이상 ☐</td></tr>
<tr><td>취득 시 조정대상지역</td><td colspan="3">예 ☐   아니요 ✔</td></tr>
<tr><td>조세특례제한법 97조의3 요건 충족</td><td colspan="3">예 ✔   아니요 ☐</td></tr>
<tr><td>임대기간</td><td colspan="3">8년 ✔   10년 ☐</td></tr>
<tr><td colspan="2">특례 장기보유특별공제율</td><td colspan="3">50% ✔   70% ☐</td></tr>
<tr><td rowspan="3">세금계산</td><td>1세대 1주택 비과세</td><td colspan="3">예 ☐   아니요 ✔</td></tr>
<tr><td>장기보유특별공제율</td><td colspan="3">[표1] 6~30% ☐   [표2] 20~80% ☐   특례적용 ✔</td></tr>
<tr><td>세율(기본/단기/중과)</td><td colspan="3">기본세율 ✔   단기세율 ☐   중과세율 ☐</td></tr>
</table>

📈 기본정보

(단위: 원)

양도	세대의 주택 수	1주택	최종 1주택 이후 보유기간 2년 미충족
	양도일자	2022. 05. 31	
	양도가액	850,000,000	① 임대주택 등록일: 2013. 12. 01
취득	취득일자	2013. 12. 01	② 임대기간: 8년
	취득가액	500,000,000	③ 자동 등록말소 후 즉시 양도
필요경비		10,000,000	
보유 및 거주기간	보유기간	8년	
	거주기간	없음	취득 당시 비조정대상지역

📊 계산사례

(단위: 원)

양도가액	850,000,000
취득가액	500,000,000
필요경비	10,000,000
양도차익	**340,000,000**
ㄴ 비과세대상 양도차익	-
ㄴ 과세대상 양도차익	340,000,000
장기보유특별공제 (장기보유특별공제 특례 적용 50%)	**170,000,000**
양도소득금액	170,000,000
기본공제	2,500,000
과세표준	167,500,000
세율 (보유 2년 이상, 기본세율)	38%
누진공제	19,400,000
양도소득세 산출세액	44,250,000
개인지방소득세	4,425,000
총부담세액	48,675,000

(단위: 원)

양도소득세	개인지방소득세	총합계
44,250,000	4,425,000	48,675,000
2022. 7. 31까지 신고납부	2022. 9. 30까지 신고납부	

One Point 장기보유특별공제 특례(50%)가 적용되는 장기일반민간임대주택(아파트)(조특법§97의3)

주택임대사업자가 법이 정하는 요건을 모두 충족하는 장기일반민간임대주택(구舊, 준공공임대주택)을 8년 이상 계속하여 등록하고 그 등록한 기간 동안 통산하여 8년 이상 임대한 후 양도하면, 해당 주택의 양도차익에 대하여 50%에 해당하는 특례 장기보유특별공제율이 적용된다.

1 장기일반민간임대주택(아파트)의 장기보유특별공제율 특례적용 요건 (조특법§97의3)

구 분	2018. 09. 13 이전 취득 주택	2018. 09. 14 이후 취득 주택
① 적용대상	거주자	
② 면적요건	국민주택규모 이하	
③ 가액요건	–	임대개시일 당시 기준시가 6억원 (수도권 밖 3억원) 이하
④ 임대유형	장기임대(8년 이상)	
⑤ 임대기간	8년 이상 계속하여 임대할 것^{주)} 주)「민간임대주택에 관한 특별법」 개정으로 2020. 07. 10 이전에 장기일반민간임대주택으로 등록된 매입 아파트는 8년 의무기간이 경과되면 자동 등록말소가 된다.	
⑥ 임대료 증액 제한	• 종전 임대료(임대보증금과 월임대료 포함)의 5% 이내 • 임대차계약 또는 약정한 임대료의 증액이 있은 후 1년 이내에는 증액 불가	
⑦ 등록요건	• 매입임대주택: 2020. 12. 31까지 지방자치단체 및 세무서에 장기임대주택으로 등록 • 건설임대주택: 2022. 12. 31까지 지방자치단체 및 세무서에 장기임대주택으로 등록	

2 임대기간의 계산

임대기간 기산일은 지방자치단체와 세무서에 임대사업자등록을 하고 임대를 개시한 날로 하며, 다음에 해당하는 경우에는 임대기간에 포함한다.

① 상속인이 상속으로 인하여 피상속인의 임대주택을 취득하여 임대하는 경우에는 피상속인의 주택임대기간을 상속인의 주택임대기간에 합산한다.
② 기존 임차인의 퇴거일부터 다음 임차인의 입주일까지의 기간으로서 3개월 이내의 기간은 주택임대기간에 산입한다.
③ 단기임대주택을 장기임대주택으로 변경 등록하는 경우 최대 4년을 한도로 기존 임대기간 전체를 장기임대주택의 임대기간으로 인정한다.
④ 「도시 및 주거환경정비법」에 따른 재개발·재건축사업, 「빈집 및 소규모주택 정비에 관한 특례법」에 따른 소규모주택정비사업 또는 「주택법」에 따른 리모델링으로 임대할 수 없는 경우 해당 주택의 관리처분계획인가일(소규모주택정비사업의 경우 사업시행계획인가일, 리모델링의 경우 허가일 또는 사업계획승인일) 전 6개월부터 준공일 후 6개월까지의 기간 동안 계속하여 임대한 것으로 보되, 임대기간 계산 시에는 실제 임대기간만 포함한다.

3 「민간임대주택에 관한 특별법」 개정에 따른 보완조치(조특령 §97의3②2)

기존(2020. 08. 17 이전)에 등록된 장기일반민간임대주택 중 매입임대 아파트는 「민간임대주택에 관한 특별법」 제6조 제5항에 따라 임대의무기간이 종료한 날 등록이 말소되는 경우 해당 주택은 8년 동안 등록 및 임대한 것으로 본다.

> **예규** 공동사업자가 1호의 임대주택을 등록한 경우
>
> 2인 이상이 공동으로 소유하는 주택의 경우 공동 명의로 1호 이상의 주택을 임대등록하고 각각의 공동사업자가 「조세특례제한법」 제97조의3 제1항 각호의 요건을 모두 충족한 경우 소유한 지분의 양도로 인해 발생하는 양도차익은 「조세특례제한법」 제97조의3에 따른 양도소득세 과세특례가 적용되는 것입니다.(기획재정부재산-766, 2020. 09. 03)

17. 장기보유특별공제 특례(70%)가 적용되는 장기일반민간임대주택[아파트 외^가] 양도

한눈에 보는 양도소득세 Navi

	취득의 유형	매매	증여	상속
양도부동산현황	세대의 주택 수	1주택 ☐　2주택 ☑　3주택 이상 ☐		
	중과세 적용 제외 주택	예 ☑　아니요 ☐		
	보유기간	2년 미만 ☐　2년 이상 ☐　3년 이상 ☑		
	양도 시 조정대상지역	예 ☑　아니요 ☐		
	조세특례제한법 97조의3 요건 충족	예 ☑　아니요 ☐		
	임대기간	8년 ☐　10년 ☑		
	특례 장기보유특별공제율	50% ☐　70% ☑		
세금계산	1세대 1주택 비과세	예 ☐　아니요 ☑		
	장기보유특별공제율	[표1] 6~30% ☐　[표2] 20~80% ☐　특례적용 ☑		
	세율(기본/단기/중과)	기본세율 ☑　단기세율 ☐　중과세율 ☐		

기본정보

(단위: 원)

양도	세대의 주택 수	2주택	
	양도일자	2022. 05. 31	
	양도가액	1,500,000,000	중과세율 적용 제외 주택
취득	취득일자	2012. 01. 01	① 임대주택등록일: 2012. 01. 01
	취득가액	500,000,000	② 임대기간: 10년
필요경비		10,000,000	
보유 및 거주기간	보유기간	10년	
	거주기간	없음	양도 시 조정대상지역

🧮 계산사례

(단위: 원)

양도가액		1,500,000,000
취득가액		500,000,000
필요경비		10,000,000
양도차익		**990,000,000**
└ 비과세대상 양도차익		–
└ 과세대상 양도차익	장기보유특별공제 특례 적용	990,000,000
장기보유특별공제	70%	693,000,000
양도소득금액		297,000,000
기본공제		2,500,000
과세표준	보유 2년 이상	294,500,000
세율	기본세율	38%
누진공제		19,400,000
양도소득세 산출세액		92,510,000
개인지방소득세		9,251,000
총부담세액		101,761,000

(단위: 원)

양도소득세	개인지방소득세	총합계
92,510,000	9,251,000	101,761,000
2022. 7. 31까지 신고납부	2022. 9. 30까지 신고납부	

One Point 장기보유특별공제 특례(70%)가 적용되는 장기일반민간임대주택(아파트 외^가)(조특법§97의3)

주택임대사업자가 법이 정하는 요건을 모두 충족하는 장기일반민간임대주택(구舊, 준공공임대주택)을 10년 이상 계속하여 등록하고 그 등록한 기간 동안 통산하여 10년 이상 임대한 후 양도하면, 해당 주택의 양도차익에 대하여 70%에 해당하는 특례 장기보유특별공제율이 적용된다.

1 장기일반민간임대주택(아파트 외^가)의 장기보유특별공제율 특례적용 요건(조특법§97의3)

구 분	2018. 09. 13 이전 취득 주택	2018. 09. 14 이후 취득 주택
① 적용대상	거주자	
② 면적요건	국민주택규모 이하(다가구주택일 경우 가구당 전용면적으로 판정)	
③ 가액요건	–	임대개시일 당시 기준시가 6억원 (수도권 밖 3억원) 이하
④ 임대유형	장기임대 / 2020. 08. 17 이전 등록	8년 이상
	장기임대 / 2020. 08. 18 이후 등록	10년 이상
⑤ 임대기간	10년 이상 계속하여 임대할 것	
⑥ 임대료 증액 제한	• 종전 임대료(임대보증금과 월임대료 포함)의 5% 이내 • 임대차계약 또는 약정한 임대료의 증액이 있은 후 1년 이내에는 증액 불가	
⑦ 등록요건	• 매입임대주택: 2020. 12. 31까지 지방자치단체 및 세무서에 장기임대주택으로 등록 • 건설임대주택: 2022. 12. 31까지 지방자치단체 및 세무서에 장기임대주택으로 등록	

2 장기보유특별공제율 특례(50% · 70%) 적용 시 양도소득세 비교

가정假定

① 양도차익 5억원
② 중과 배제^{주)} 주택
③ 기본공제(250만원) 제외

주) 2018. 09. 13 이전에 취득한 주택은 장기보유특별공제 특례 적용 시 가액요건[임대개시일 기준시가 6억원(수도권 밖 3억원)]이 없기 때문에 임대주택의 다주택자 양도소득세 중과 제외 대상 여부를 확인하여 세율을 적용해야 한다.

(단위: 원)

	구 분	사례① 일반적인 경우 (보유기간 8년)	사례② 50% 공제율 적용 (임대기간 8년)	사례③ 70% 공제율 적용 (임대기간 10년)
	양도차익	500,000,000	500,000,000	500,000,000
−	장기보유 특별공제	80,000,000* *보유기간 8년 × 2% = 16%	250,000,000* *임대기간 8년: 50% 공제율 적용	350,000,000* *임대기간 10년: 70% 공제율 적용
=	소득금액	420,000,000	250,000,000	150,000,000
×	세 율	40% (누진공제액 25,400,000)	38% (누진공제액 19,400,000)	35% (누진공제액 14,900,000)
=	산출세액	142,600,000	75,600,000	37,600,000

18. 양도소득세가 100% 감면되는 장기일반민간임대주택(조특법§97의5) 양도

한눈에 보는 양도소득세 Navi

	취득의 유형	매매	증여	상속
양도 부동산 현황	세대의 주택 수	1주택 ☐ 2주택 ☑ 3주택 이상 ☐		
	중과세 적용 제외 주택	예 ☑ 아니요 ☐		
	보유기간	2년 미만 ☐ 2년 이상 ☐ 3년 이상 ☑		
	거주기간	2년 미만 ☑ 2년 이상 ☐		
	양도 시 조정대상지역	예 ☑ 아니요 ☐		
	조세특례제한법 97조의5 요건 충족	예 ☑ 아니요 ☐		
	임대기간	8년 ☐ 10년 ☑		
세금계산	1세대 1주택 비과세	예 ☐ 아니요 ☑		
	장기보유특별공제율	[표1] 6~30% ☑ [표2] 20~80% ☐ 미적용 ☐		
	세율(기본/단기/중과)	기본세율 ☑ 단기세율 ☐ 중과세율 ☐		

기본정보

(단위: 원)

양도	세대의 주택 수	2주택	중과세율 적용 제외 주택
	양도일자	2027.01.31	① 임대주택등록일: 2015. 02. 01
	양도가액	1,500,000,000	② 임대기간: 10년
취득	취득일자	2015.01.01	③ 기준시가 정보 ⅰ) 양도 시: 8억원 ⅱ) 임대종료일: 6억원 ⅲ) 취득 시: 2억원
	취득가액	500,000,000	
필요경비		10,000,000	*임대주택 등록 말소 후 보유 중 양도
보유 및 거주기간	보유기간	12년	
	거주기간	없음	취득 시 비조정대상지역

계산사례

(단위: 원)

		감면 미*적용	감면 적용
양도가액		1,500,000,000	1,500,000,000
취득가액		500,000,000	500,000,000
필요경비		10,000,000	10,000,000
양도차익		990,000,000	990,000,000
└ 비과세대상 양도차익		–	–
└ 과세대상 양도차익	보유 12년	990,000,000	990,000,000
장기보유특별공제		24% 237,600,000	24% 237,600,000
양도소득금액		752,400,000	752,400,000
└ 과세대상 양도소득	양도소득금액을 임대기간 중 기준시가 비율로 안분	–	501,600,000
└ 감면대상 양도소득		752,400,000	250,800,000
기본공제		2,500,000	2,500,000
과세표준		749,900,000	248,300,000
세율	기본세율	42%	38%
누진공제		35,400,000	19,400,000
산출세액		279,558,000	74,954,000
감면세액	감면 미*적용 산출세액 – 감면 적용 산출세액		204,604,000
결정세액			74,954,000
농어촌특별세액	감면세액의 20%		40,920,800
양도소득세 산출세액		279,558,000	74,954,000
개인지방소득세		27,955,800	7,495,400
총부담세액		307,513,800	123,370,200

(단위: 원)

양도소득세	농어촌특별세	개인지방소득세	총합계
74,954,000	40,920,800	7,495,400	123,370,200
2027. 03. 31까지 신고납부		2027. 05. 31까지 신고납부	

One Point 장기일반민간임대주택에 대한 양도소득세 감면(조특법§97의5)

주택임대사업자가 법이 정하는 요건을 모두 충족하는 장기일반민간임대주택(구舊, 준공공임대주택)을 10년 이상 계속하여 등록하고 그 등록한 기간 동안 계속하여 10년 이상 임대한 후 양도하면, 임대기간 중에 발생한 양도소득에 대해 양도소득세가 100% 감면된다. 다만, 감면세액의 20%를 농어촌특별세로 납부해야 한다.

1 장기일반민간임대주택에 대한 양도소득세 감면 요건

구 분	2018. 09. 13 이전 취득 주택	2018. 09. 14 이후 취득 주택
① 적용대상	거주자	
② 면적요건	국민주택규모 이하(다가구주택일 경우 가구당 전용면적으로 판정)	
③ 가액요건	–	임대개시일 당시 기준시가 6억원 (수도권 밖 3억원) 이하
④ 임대유형	장기임대 / 2020. 08. 17 이전 등록	8년 이상
	장기임대 / 2020. 08. 18 이후 등록	10년 이상
⑤ 임대기간	10년 이상 계속하여 임대할 것주) 주) 2020. 07. 10 이전에 장기일반민간임대주택으로 등록된 매입 아파트는 8년 의무기간이 경과되면 자동 등록말소가 되기 때문에 10년 이상 계속하여 임대해야 하는 장기일반민간임대주택에 대한 양도소득 100% 감면을 적용받을 수 없다.	
⑥ 임대료 증액 제한	• 종전 임대료(임대보증금과 월임대료 포함)의 5% 이내 • 임대차계약 또는 약정한 임대료의 증액이 있은 후 1년 이내에는 증액 불가	
⑦ 등록요건	2015. 01. 01 ~ 2018. 12. 31까지 주택을 취득(2018. 12. 31까지 계약을 체결하고 계약금을 납부한 경우 포함)하여 취득일로부터 3개월 이내 지방자치단체와 세무서에 모두 장기일반민간임대주택(구舊, 준공공임대주택)으로 등록	

2 「10년 이상 계속하여 임대」하는 기간의 계산

① 주택임대기간의 기산일

　지방자치단체와 세무서에 모두 장기일반민간임대주택(구舊, 준공공임대주택)으로 등록하고 주택임대를 개시한 날로 한다.

② 다음에 해당하는 기간은 계속 임대한 것으로 인정

- 기존 임차인의 퇴거일부터 다음 임차인의 주민등록을 이전하는 날까지의 기간으로서 6개월 이내의 기간
- 공익사업에 따른 협의매수 또는 수용에 관한 사항을 규정하고 있는 법률에 따라 협의 매수 또는 수용되어 임대할 수 없는 경우의 해당 기간
- 「도시 및 주거환경정비법」에 따른 재개발사업·재건축사업, 「빈집 및 소규모주택 정비에 관한 특례법」에 따른 소규모주택정비사업 또는 「주택법」에 따른 리모델링의 사유로 임대할 수 없는 경우에는 해당 주택의 관리처분계획인가일(소규모주택정비사업의 경우에는 사업시행계획 인가일, 리모델링의 경우에는 허가일 또는 사업계획 승인일) 전 6개월부터 준공일 후 6개월까지의 기간

3 임대기간 중 발생한 양도소득금액

$$\text{임대기간 중 발생한 양도소득금액} = \text{전체 양도소득금액} \times \left(\frac{\text{임대기간 마지막날의 기준시가} - \text{취득 당시 기준시가}}{\text{양도 당시 기준시가} - \text{취득 당시 기준시가}} \right)$$

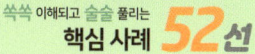

제 1 장

양도소득세 편(篇)

Ⅱ

재건축·재개발 조합원입주권 및 신축주택

19 분담금을 납부한 원조합원의 1세대 1조합원입주권[고가조합원입주권] 양도

🔍 한눈에 보는 양도소득세 Navi

	취득의 유형	매매	증여	상속
양도부동산현황	세대의 주택 수(조합원입주권 포함)	1주택 ✓　2주택 ☐　3주택 이상 ☐		
	최종 1주택 2년 이상	예 ✓　아니요 ☐		
	전체 보유기간	2년 미만 ☐　2년 이상 ☐　3년 이상 ✓		
	거주기간	2년 미만 ☐　2년 이상 ✓		
	취득 시 조정대상지역	예 ☐　아니요 ✓		
	취득시기	관리처분계획인가일 전(前) ✓　관리처분계획인가일 후(後) ☐		
	관리처분계획인가일 전(前) 보유기간	3년 미만 ☐　3년 이상 ✓		
	분담금 납부	예 ✓　아니요 ☐		
세금계산	1세대 1주택 비과세	예 ✓　아니요 ☐		
	장기보유특별공제율	[표1] 6~30% ☐　[표2] 20~80% ✓　미(未)적용 ☐		
	세율(기본/단기/중과)	기본세율 ✓　단기세율 ☐　중과세율 ☐		

📈 기본정보

(단위: 원)

양도	세대의 주택 수(조합원입주권 포함)	1주택	최종 1주택 이후 보유기간 2년 충족
	양도일자	2022. 05. 31	
	양도가액	2,000,000,000	
취득	취득일자	2015. 09. 03	2017. 08. 02 이전 취득
	취득가액	500,000,000	
	종전 주택 필요경비	5,000,000	관리처분계획인가일 전(前) 발생분
관리처분계획인가	관리처분계획인가일	2018. 09. 03	
	조합원권리가액	700,000,000	
	추가분담금 납부액	150,000,000	
	관리처분계획인가일 후(後) 필요경비	10,000,000	
보유 및 거주기간	전체 보유기간	6년	취득일부터 ~ 양도일까지
	관리처분계획인가일 전(前) 보유기간	3년	취득일부터 ~ 관리처분계획인가일
	거주기간	2년	관리처분계획인가일 전(前)

📊 계산사례

(단위: 원)

	관리처분계획인가일 전(前)	관리처분계획인가일 후(後)	합계
양도가액	700,000,000 *(종전 주택 취득가액)*	2,000,000,000	2,000,000,000
취득가액	500,000,000	850,000,000 (700,000,000 + 150,000,000)	650,000,000 (500,000,000 + 150,000,000)
필요경비	5,000,000	10,000,000	15,000,000
양도차익	195,000,000	1,140,000,000	1,335,000,000
└ 비과세대상 양도차익	117,000,000	684,000,000	801,000,000
└ 과세대상 양도차익	78,000,000	456,000,000	534,000,000
장기보유특별공제	20% 15,600,000	–	15,600,000
양도소득금액	*관리처분계획인가일 전(前)* *(보유 3년, 거주 2년)*	*관리처분계획인가일 후(後)에는* *장기보유특별공제 미(未)적용*	518,400,000
기본공제			2,500,000
과세표준			515,900,000
세율		기본세율	42%
누진공제			35,400,000
양도소득세 산출세액			181,278,000
개인지방소득세			18,127,800
총부담세액			199,405,800

(단위: 원)

양도소득세	개인지방소득세	총합계
181,278,000	18,127,800	199,405,800
2022. 7. 31까지 신고납부	2022. 9. 30까지 신고납부	

One Point 분담금을 납부한 원조합원의 조합원입주권 양도

1 분담금을 납부한 원조합원의 조합원입주권 양도차익

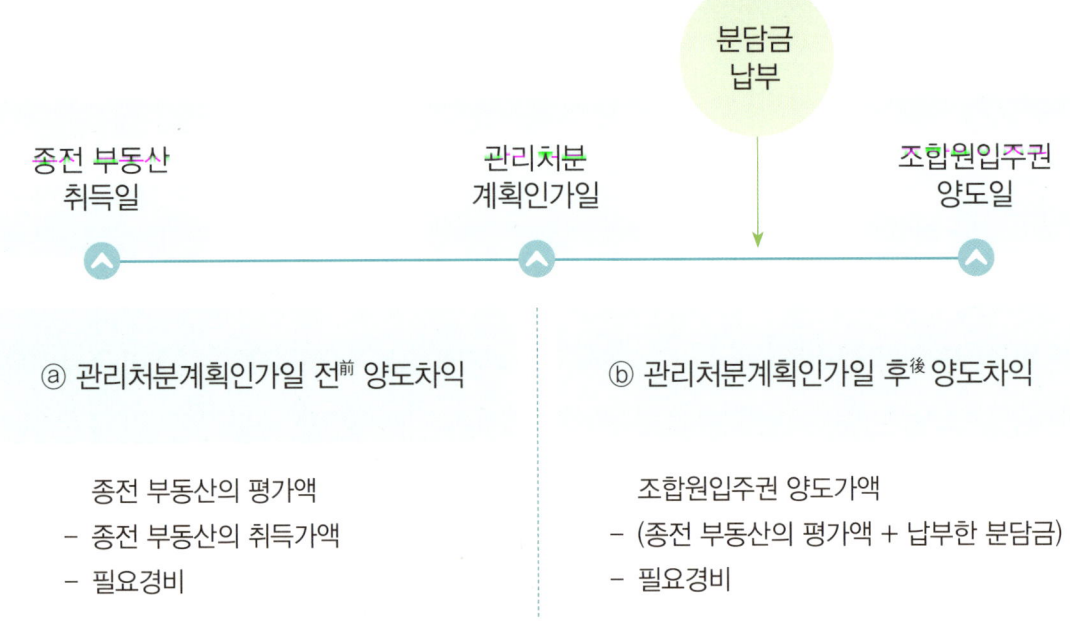

분담금을 납부한 조합원입주권을 양도하는 경우 양도차익
= ⓐ 관리처분계획인가일 전(前) 양도차익 + ⓑ 관리처분계획인가일 후(後) 양도차익

ⓐ 관리처분계획인가일 전(前) 양도차익
종전 부동산의 평가액 − 종전 부동산의 취득가액 − 필요경비

ⓑ 관리처분계획인가일 후(後) 양도차익
조합원입주권 양도가액 − (종전 부동산의 평가액 + 납부한 분담금) − 필요경비

2 종전 주택의 취득가액이 불분명한 경우

종전 주택의 취득가액을 확인할 수 없는 경우에는 다음과 같이 '환산취득가액'으로 적용한다. (소득령§166③, 소득법§99①)

$$\text{종전 주택의 환산취득가액} = \text{종전 주택의 평가액} \times \frac{\text{취득일 현재 종전 주택의 기준시가}}{\text{관리처분계획인가일 현재 종전 주택의 기준시가}}$$

관리처분계획인가일 현재 일괄고시한 가액이 있는 경우에는 해당고시가를 적용하고, 취득일에 미고시한 경우에는 환산고시가를 적용한다.

3 원조합원의 조합원입주권 양도 시 장기보유특별공제

- 재건축·재개발 등의 조합원입주권은 부동산을 취득할 수 있는 권리이므로 장기보유특별공제 대상이 아니지만, 조합원입주권의 경우 양도차익이 기존 부동산과 부동산에 관한 권리부분이 혼합되어 있으므로 기존 부동산에 대해서는 장기보유특별공제를 받을 수 있다.
- 종전 부동산의 취득일부터 관리처분계획인가일까지 기간에 대하여 장기보유특별공제가 적용된다.
- 관리처분계획인가 이후 양도차익에 대해서는 장기보유특별공제가 적용되지 않기 때문에 승계조합원의 조합원입주권을 양도할 때는 장기보유특별공제가 적용되지 않는다.

20. 분담금을 납부한 원조합원의 기본세율이 적용되는 조합원입주권 양도

한눈에 보는 양도소득세 Navi

	취득의 유형	매매	증여	상속
양도부동산현황	세대의 주택 수(조합원입주권 포함)	1주택 ☐ 2주택 ☑ 3주택 이상 ☐		
	중과세 적용 제외 주택	예 ☐ 아니요 ☑		
	전체 보유기간	2년 미만 ☐ 2년 이상 ☐ 3년 이상 ☑		
	거주기간	2년 미만 ☐ 2년 이상 ☑		
	양도 시 조정대상지역	예 ☑ 아니요 ☐		
	취득시기	관리처분계획인가일 전前 ☑ 관리처분계획인가일 후後 ☐		
	관리처분계획인가일 전前 보유기간	3년 미만 ☐ 3년 이상 ☑		
	분담금 납부	예 ☑ 아니요 ☐		
세금계산	1세대 1주택 비과세	예 ☐ 아니요 ☑		
	장기보유특별공제율	[표1] 6~30% ☑ [표2] 20~80% ☐ 미未적용 ☐		
	세율(기본/단기/중과)	기본세율 ☑ 단기세율 ☐ 중과세율 ☐		

기본정보

(단위: 원)

양도	세대의 주택 수(조합원입주권 포함)	2주택	
	양도일자	2022. 05. 31	양도 시 조정대상지역
	양도가액	2,000,000,000	
취득	취득일자	2015. 09. 03	
	취득가액	500,000,000	
	종전 주택 필요경비	5,000,000	관리처분계획인가일 전前 발생분
관리처분계획인가	관리처분계획인가일	2018. 09. 03	
	조합원권리가액	800,000,000	
	추가 분담금 납부액	200,000,000	
	관리처분계획인가일 후後 필요경비	10,000,000	
보유 및 거주기간	전체 보유기간	6년	취득일부터 ~ 양도일까지
	관리처분계획인가일 전前 보유기간	3년	취득일부터 ~ 관리처분계획인가일
	거주기간	2년	관리처분계획인가일 전前

 **계산사례**

(단위: 원)

	관리처분계획인가일 전前	관리처분계획인가일 후後	합계
양도가액	800,000,000	2,000,000,000	2,000,000,000
취득가액	500,000,000	1,000,000,000 (800,000,000 + 200,000,000)	700,000,000 (500,000,000 + 200,000,000)
필요경비	5,000,000	10,000,000	15,000,000
양도차익	295,000,000	990,000,000	1,285,000,000
└ 비과세대상 양도차익	–	–	–
└ 과세대상 양도차익	295,000,000	990,000,000	1,285,000,000
장기보유특별공제	6% 17,700,000	–	17,700,000
양도소득금액			1,267,300,000
기본공제			2,500,000
과세표준			1,264,800,000
세율		기본세율	45%
누진공제			65,400,000
양도소득세 산출세액			503,760,000
개인지방소득세			50,376,000
총부담세액			554,136,000

※ 종전 주택 취득가액
※ 조합원권리가액 + 추가분담금
※ 관리처분계획인가일 전前 (보유 3년)
※ 관리처분계획인가일 후後에는 장기보유특별공제 미未적용

(단위: 원)

양도소득세	개인지방소득세	총합계
503,760,000	50,376,000	554,136,000
2022. 7. 31까지 신고납부	2022. 9. 30까지 신고납부	

21 청산금을 수령한 원조합원의 1세대 1조합원입주권[고가조합원입주권] 양도

🔍 한눈에 보는 양도소득세 Navi

	취득의 유형	매매	증여	상속
양도 부동산 현황	세대의 주택 수(조합원입주권 포함)	1주택 ✔ 2주택 ☐ 3주택 이상 ☐		
	최종 1주택 2년 이상	예 ✔ 아니요 ☐		
	전체 보유기간	2년 미만 ☐ 2년 이상 ☐ 3년 이상 ✔		
	거주기간	2년 미만 ☐ 2년 이상 ✔		
	취득 시 조정대상지역	예 ☐ 아니요 ✔		
	취득시기	관리처분계획인가일 전(前) ✔ 관리처분계획인가일 후(後) ☐		
	관리처분계획인가일 전(前) 보유기간	3년 미만 ☐ 3년 이상 ✔		
	청산금 수령	예 ✔ 아니요 ☐		
세금계산	1세대 1주택 비과세	예 ✔ 아니요 ☐		
	장기보유특별공제율	[표1] 6~30% ☐ [표2] 20~80% ✔ 미(未)적용 ☐		
	세율(기본/단기/중과)	기본세율 ✔ 단기세율 ☐ 중과세율 ☐		

📈 기본정보
(단위: 원)

양도	세대의 주택 수(조합원입주권 포함)	1주택	최종 1주택 이후 보유기간 2년 충족
	양도일자	2022. 05. 31	
	양도가액	2,000,000,000	
취득	취득일자	2015. 09. 03	2017. 08. 02 이전 취득
	취득가액	500,000,000	
	종전 주택 필요경비	5,000,000	관리처분계획인가일 전(前) 발생분
관리처분계획인가	관리처분계획인가일	2018. 09. 03	
	조합원권리가액	1,250,000,000	
	청산금 수령액	200,000,000	
	관리처분계획인가일 후(後) 필요경비	10,000,000	
보유 및 거주기간	전체 보유기간	6년	취득일부터 ~ 양도일까지
	관리처분계획인가일 전(前) 보유기간	3년	취득일부터 ~ 관리처분계획인가일
	거주기간	2년	관리처분계획인가일 전(前)

 **계산사례**

(단위: 원)

	관리처분계획인가일 전[前]	관리처분계획인가일 후[後]	합계
양도가액	1,050,000,000	2,000,000,000	2,000,000,000
취득가액	420,000,000	1,050,000,000	420,000,000
	500,000,000 × (1,250,000,000 − 200,000,000) ÷ 1,250,000,000	(1,250,000,000 − 200,000,000)	500,000,000 × (1,250,000,000 − 200,000,000) ÷ 1,250,000,000
필요경비	4,200,000	10,000,000	14,200,000
양도차익	625,800,000	940,000,000	1,565,800,000
└ 비과세대상 양도차익	375,480,000	564,000,000	939,480,000
└ 과세대상 양도차익	250,320,000	376,000,000	626,320,000
장기보유특별공제	20% 50,064,000	−	50,064,000
양도소득금액			576,256,000
기본공제			2,500,000
과세표준			573,756,000
세율		기본세율	42%
누진공제			35,400,000
양도소득세 산출세액			205,577,520
개인지방소득세			20,557,750
총부담세액			226,135,270

종전 주택 취득가액 × (권리가액 − 청산금수령액) / 권리가액

종전 주택 필요경비 × (권리가액 − 청산금수령액) / 권리가액

전체 비과세대상 양도차익을 관리처분계획인가일 이전 양도차익 비율로 안분

보유 3년, 거주 2년

장기보유특별공제 미[未]적용

(단위: 원)

양도소득세	개인지방소득세	총합계
205,577,520	20,557,750	226,135,270
2022. 7. 31까지 신고납부	2022. 9. 30까지 신고납부	

One Point 청산금을 수령한 원조합원의 조합원입주권 양도

1 청산금을 수령한 원조합원의 조합원입주권 양도차익

```
종전 주택              관리처분            청산금        조합원입주권
취득일                계획인가일           수령          양도일
```

ⓐ 관리처분계획인가일 전(前) 양도차익

【종전 부동산의 평가액
− 종전 부동산의 취득가액
− 필요경비】
× (종전 부동산의 평가액 − 청산금 수령액*) / 종전 부동산의 평가액

ⓑ 관리처분계획인가일 후(後) 양도차익

조합원입주권의 양도가액
− (종전 부동산의 평가액 − 청산금 수령액*)
− 필요경비

청산금을 수령한 조합원입주권을 양도하는 경우 양도차익
= ⓐ 관리처분계획인가일 전(前) 양도차익 + ⓑ 관리처분계획인가일 후(後) 양도차익

ⓐ 관리처분계획인가일 전(前) 양도차익
(종전 부동산의 평가액 − 종전 부동산의 취득가액 − 필요경비)
× (종전 부동산의 평가액 − 청산금 수령액*) / 종전 부동산의 평가액

ⓑ 관리처분계획인가일 후(後) 양도차익
조합원입주권의 양도가액 − (종전 부동산의 평가액 − 청산금 수령액*)
− 필요경비

* 종전 부동산을 정비사업조합 등에 출자하고 그 대가로 조합원입주권과 청산금을 수령할 때 대가로 받은 청산금은 유상양도로서 양도소득세 과세대상이 된다. 따라서 조합원입주권에 대한 양도차익을 계산할 때 관리처분계획인가일 전(前)의 양도차익에서 종전 부동산의 평가액 중 청산금 수령액에 상당하는 양도차익을 차감하고, 관리처분계획인가일 후(後) 양도차익을 계산할 때 종전 부동산의 평가액에서 청산금 수령액을 차감한다.

수령한 청산금에 대한 양도차익
= 전체 양도차익* × 청산금 수령액 / 종전 부동산의 평가액

* 전체 양도차익 = 종전 부동산의 평가액 − 종전 부동산의 취득가액 − 필요경비

참고, P96 · P100, 원조합원이 수령한 청산금

기본사례 청산금을 수령한 원조합원의 조합원입주권 양도차익

①	종전 주택의 취득	취득일	20○○. ○○. ○○
		취득가액	5억원
②	종전 주택의 평가	관리처분계획인가일	20○○. ○○. ○○
		평가액	8억원
③	청산금 수령	수령한(받을) 청산금 합계	2억원
④	조합원입주권 양도	양도일	20○○. ○○. ○○
		양도가액	10억원

ⓐ 관리처분계획인가일 전^前 양도차익

[(종전 주택의 평가액(8억원)
− 종전 주택의 취득가액(5억원)
− 필요경비(0원)]

$$\times \frac{\text{[종전 주택의 평가액(8억원)} - \text{청산금 수령액(2억원)]}}{\text{종전 주택의 평가액(8억원)}}$$

= 2.25억원

ⓑ 관리처분계획인가일 후^後 양도차익

조합원입주권의 양도가액(10억원)
− [(종전 주택의 평가액(8억원)
  − 청산금 수령액(2억원)]
− 필요경비(0원)
= 4억원

청산금을 수령한 원조합원의 조합원입주권 양도차익(6.25억원)
= ⓐ 관리처분계획인가일 전^前 양도차익(2.25억원) + ⓑ 관리처분계획인가일 후^後 양도차익(4억원)

22 청산금을 수령한 원조합원의 기본세율이 적용되는 조합원입주권 양도

한눈에 보는 양도소득세 Navi

	취득의 유형	매매	증여	상속
양도부동산현황	세대의 주택 수(조합원입주권 포함)	1주택 ☐　2주택 ☑　3주택 이상 ☐		
	중과세 적용 제외 주택	예 ☐　아니요 ☑		
	전체 보유기간	2년 미만 ☐　2년 이상 ☐　3년 이상 ☑		
	거주기간	2년 미만 ☐　2년 이상 ☑		
	양도 시 조정대상지역	예 ☐　아니요 ☑		
	취득시기	관리처분계획인가일 전(前) ☑　관리처분계획인가일 후(後) ☐		
	관리처분계획인가일 전(前) 보유기간	3년 미만 ☐　3년 이상 ☑		
	청산금 수령	예 ☑　아니요		
세금계산	1세대 1주택 비과세	예 ☐　아니요 ☑		
	장기보유특별공제율	[표1] 6~30% ☑　[표2] 20~80% ☐　미(未)적용 ☐		
	세율(기본/단기/중과)	기본세율 ☑　단기세율 ☐　중과세율 ☐		

기본정보

(단위: 원)

양도	세대의 주택 수(조합원입주권 포함)	2주택
	양도일자	2022. 05. 31　양도 시 비(非)조정대상지역
	양도가액	2,000,000,000
취득	취득일자	2015. 09. 03
	취득가액	500,000,000
	종전 주택 필요경비	5,000,000　관리처분계획인가일 전(前) 발생분
관리처분계획인가	관리처분계획인가일	2018. 09. 03
	조합원권리가액	800,000,000
	청산금 수령액	200,000,000
	관리처분계획인가일 후(後) 필요경비	10,000,000
보유 및 거주기간	전체 보유기간	6년　취득일부터 ~ 양도일까지
	관리처분계획인가일 전(前) 보유기간	3년　취득일부터 ~ 관리처분계획인가일
	거주기간	2년　관리처분계획인가일 전(前)

📊 계산사례

(단위: 원)

	관리처분계획인가일 전(前)	관리처분계획인가일 후(後)	합계
양도가액	600,000,000	2,000,000,000	2,000,000,000
취득가액	375,000,000 500,000,000 ×(800,000,000 − 200,000,000) ÷ 800,000,000	600,000,000 (800,000,000 − 200,000,000)	375,000,000 500,000,000 ×(800,000,000 − 200,000,000) ÷ 800,000,000
필요경비	3,750,000	10,000,000	13,750,000
양도차익	221,250,000	1,390,000,000	1,611,250,000
└ 비과세대상 양도차익			−
└ 과세대상 양도차익	221,250,000	1,390,000,000	1,611,250,000
장기보유특별공제	6% 13,275,000	−	13,275,000
양도소득금액			1,597,975,000
기본공제			2,500,000
과세표준			1,595,475,000
세율		기본세율	45%
누진공제			65,400,000
양도소득세 산출세액			652,563,750
개인지방소득세			65,256,370
총부담세액			717,820,120

말풍선:
- 종전 주택 취득가액 × (권리가액 − 청산금수령액) / 권리가액
- 종전 주택 필요경비 × (권리가액 − 청산금수령액) / 권리가액
- 보유 3년
- 장기보유특별공제 미(未)적용

(단위: 원)

양도소득세	개인지방소득세	총합계
652,563,750	65,256,370	717,820,120
2022. 7. 31까지 신고납부	2022. 9. 30까지 신고납부	

23 원조합원이 수령한 청산금 [1세대 1주택 비과세 대상 조합원 권리가액 12억원 초과]

한눈에 보는 양도소득세 Navi

	취득의 유형	**매매**	증여	상속
양도 부동산 현황	세대의 주택 수	1주택 ✓　2주택 ☐　3주택 이상 ☐		
	최종 1주택 2년 이상	예 ✓　아니요 ☐		
	보유기간	2년 미만 ☐　2년 이상 ☐　3년 이상 ✓		
	거주기간	2년 미만 ☐　2년 이상 ✓		
	취득 시 조정대상지역	예 ☐　아니요 ✓		
	취득시기	관리처분계획인가일 전(前) ✓　관리처분계획인가일 후(後) ☐		
	청산금 수령	예 ✓　아니요 ☐		
세금계산	1세대 1주택 비과세	예 ✓　아니요 ☐		
	장기보유특별공제율	[표1] 6~30% ☐　[표2] 20~80% ✓　미(未)적용 ☐		
	세율(기본/단기/중과)	기본세율 ✓　단기세율 ☐　중과세율 ☐		

기본정보

(단위: 원)

양도	세대의 주택 수	1주택	최종 1주택 이후 보유기간 2년 충족
	소유권이전 고시일 다음 날	2022. 05. 31	청산금의 양도시기
취득	취득일자	2015. 09. 03	2017. 08. 02 이전 취득
	취득가액	500,000,000	
	종전 주택 필요경비	5,000,000	관리처분계획인가일 전(前) 발생분
관리처분 계획인가	관리처분계획인가일	2018. 09. 03	
	조합원권리가액	1,250,000,000	
	청산금 수령액	200,000,000	
보유 및 거주기간	보유기간	6년	취득일부터 ~ 양도일까지
	거주기간	2년	관리처분계획인가일 전(前)

📊 계산사례

(단위: 원)

양도가액	취득가액 × (청산금 수령액 / 조합원권리가액)	200,000,000
취득가액		80,000,000
필요경비		800,000
양도차익	관리처분계획인가일 기준 1세대 1주택 조합원입주권 권리가액 12억원 초과분에 대해서만 양도차익 과세: 양도차익 × (권리가액 − 12억원) / 권리가액	119,200,000
└ 비과세대상 양도차익		114,432,000
└ 과세대상 양도차익		4,768,000
장기보유특별공제	32%	1,525,760
양도소득금액	관리처분계획인가일 기준 1세대 1주택 보유 6년, 거주 2년	3,242,240
기본공제		2,500,000
과세표준		742,240
세율	기본세율	6%
누진공제		−
양도소득세 산출세액		44,530
개인지방소득세		4,450
총부담세액		48,980

(단위: 원)

양도소득세	개인지방소득세	총합계
44,530	4,450	48,980
2022. 7. 31까지 신고납부	2022. 9. 30까지 신고납부	

One Point 원조합원이 수령한 청산금(1세대 1주택 대상)

1 원조합원이 수령한 청산금에 대한 과세

○ 주택재개발 정비사업조합에 참여한 조합원이 수령한 청산금 상당액은 양도소득세 과세대상이다.

○ 청산금에 상당하는 종전의 주택(그 딸린 토지 포함)이 1세대 1주택 비과세 요건을 충족한 경우에는 양도소득세가 과세되지 않고(소득집행 100-166-4), 조합원 권리가액이 12억원을 초과하는 경우에는 12억원이 초과한 금액에서 발생한 양도차익은 고가주택 양도차익 특례를 적용하여 양도소득세가 과세된다.

○ 종전 주택이 조정대상지역 내(內)에 소재하고 다주택자 양도소득세 중과 대상에 해당된다면, 양도소득세 중과세율이 적용되고 장기보유특별공제가 배제된다.

2 청산금의 양도시기

○ 청산금의 양도시기는 비과세 및 중과세 판단 기준일이 되고, 장기보유특별공제와 세율을 적용할 때 보유기간 산정의 종료일이 된다.

○ 청산금의 양도시기는 소유권이전 고시일의 다음 날로 본다. (기획재정부재산-35, 2020. 01. 14)

3 청산금의 양도소득세 과세유형(1세대 1주택 비과세 대상)

청산금의 양도시기에 보유주택이 1세대 1주택으로서 관리처분계획인가일 현재 비과세 요건을 충족한 경우에 수령한 청산금에 대해서는 비과세가 적용된다.

① **조합원 권리가액이 12억원 이하인 경우**
   수령한 청산금 전액에 대하여 비과세된다.

② **조합원 권리가액이 12억원 초과인 경우**
   • 1세대 1주택 비과세되는 고가주택에 대한 양도소득세 계산을 준용하여 다음의 양도차익에 대해서 양도소득세를 과세한다.

$$과세대상\ 양도차익 = 청산금\ 양도차익^* \times \frac{조합원\ 권리가액 - 12억원}{조합원\ 권리가액}$$

$$^*\ 청산금의\ 양도차익 = 전체\ 양도차익^* \times \frac{청산금\ 수령액}{종전\ 주택의\ 평가액}$$

$$^*\ 전체\ 양도차익 = 종전\ 주택의\ 평가액 - 종전\ 주택의\ 취득가액 - 필요경비$$

- 종전 주택의 취득일로부터 양도일(소유권이전 고시일의 다음 날)까지 보유기간에 따른 장기보유특별공제율[표2](최대 80%)를 적용한다. (기획재정부재산-439, 2014. 06. 09)

기본사례 「1세대 1주택 양도소득세 비과세 대상」 수령한(받을) 청산금의 과세대상 양도차익

①	종전 주택의 취득	취득일	20○○. ○○. ○○
		취득가액	5억원
②	종전 주택의 평가	관리처분계획인가일	20○○. ○○. ○○
		평가액(조합원 권리가액)	15억원
③	청산금 수령	수령한(받을) 청산금	3억원

- **전체 양도차익**

  종전 주택의 평가액(15억원) − 종전 주택의 취득가액(5억원) − 필요경비(0원) = 10억원

- **청산금의 양도차익**

  전체 양도차익(10억원) × $\dfrac{\text{청산금 수령액(3억원)}}{\text{종전 주택의 평가액(15억원)}}$ = 2억원

- **과세대상 양도차익**

  청산금의 양도차익(2억원) × $\dfrac{[\text{조합원 권리가액(15억원)} - 12\text{억원}]}{\text{조합원 권리가액(15억원)}}$ = 0.4억원

24 원조합원이 수령한 청산금 [중과세율 적용]

한눈에 보는 양도소득세 Navi

	취득의 유형	매매	증여	상속
양도 부동산 현황	세대의 주택 수(조합원입주권 포함)	1주택 ☐　2주택 ☑　3주택 이상 ☐		
	중과세 적용 제외 주택	예 ☐　아니요 ☑		
	전체 보유기간	2년 미만 ☐　2년 이상 ☐　3년 이상 ☑		
	거주기간	2년 미만 ☐　2년 이상 ☑		
	양도 시 조정대상지역	예 ☑　아니요 ☐		
	취득시기	관리처분계획인가일 전前 ☑　관리처분계획인가일 후後 ☐		
	청산금 수령	예 ☑　아니요 ☐		
세금 계산	1세대 1주택 비과세	예 ☐　아니요 ☑		
	장기보유특별공제율	[표1] 6~30% ☐　[표2] 20~80% ☐　미未적용 ☑		
	세율(기본/단기/중과)	기본세율 ☐　단기세율 ☐　중과세율 ☑		

기본정보

(단위: 원)

양도	세대의 주택 수	2주택	수령한 청산금은 중과세율 대상
	소유권이전 고시일 다음 날	2022. 05. 31	• 청산금 양도시기 • 양도 시 조정대상지역
취득	취득일자	2015. 09. 03	
	취득가액	500,000,000	
	종전 주택 필요경비	5,000,000	관리처분계획인가일 전前 발생분
관리처분 계획인가	관리처분계획인가일	2018. 09. 03	
	조합원권리가액	1,000,000,000	
	청산금 수령액	200,000,000	
보유 및 거주기간	보유기간	6년	취득일부터 ~ 양도일까지
	거주기간	2년	관리처분계획인가일 전前

계산사례

(단위: 원)

양도가액	취득가액 × (권리가액 − 청산금 수령액) / 권리가액	200,000,000
취득가액		100,000,000
필요경비		1,000,000
양도차익		**99,000,000**
└ 비과세대상 양도차익		−
└ 과세대상 양도차익		99,000,000
장기보유특별공제	0%	−
양도소득금액		99,000,000
기본공제		2,500,000
과세표준	중과세율 대상 2주택 보유	96,500,000
세율	기본세율 + 20%p	55%
누진공제		14,900,000
양도소득세 산출세액		38,175,000
개인지방소득세		3,817,500
총부담세액		41,992,500

(단위: 원)

양도소득세	개인지방소득세	총합계
38,175,000	3,817,500	41,992,500
2022. 7. 31까지 신고납부	2022. 9. 30까지 신고납부	

One Point 원조합원이 수령한 청산금에 대한 과세(기본세율 및 중과세율 대상)

1 청산금의 양도소득세 과세유형

1. 기본세율 대상

① **청산금에 대한 양도차익**

$$\text{청산금에 대한 양도차익} = \text{전체 양도차익*} \times \frac{\text{청산금 수령액}}{\text{종전 부동산의 평가액}}$$

* 전체 양도차익 = 종전 부동산의 평가액 − 종전 부동산의 취득가액 − 필요경비

② **장기보유특별공제**

종전 주택의 취득일로부터 양도일(소유권이전 고시일의 다음 날)까지 보유기간에 따른 장기보유특별공제율[표1](최대 30%)를 적용한다. (기획재정부재산−439, 2014. 06. 09)

③ **양도소득세율**

장기보유특별공제 적용 시 보유기간과 동일하게 계산한다.

2. 중과세율 대상

종전 주택이 조정대상지역 내에 소재하고 다주택자 양도소득세 중과 대상에 해당된다면, 양도소득세 중과세율이 적용되고 장기보유특별공제가 배제된다.

> 주택재개발 정비사업에 참여한 조합원이 1세대 3주택에 해당하는 주택 및 그에 딸린 토지의 대가로 아파트입주권과 청산금을 교부받은 경우 그 청산금에 상당하는 종전 주택 및 그에 딸린 토지에 대하여는 3주택 중과세율이 적용된다. (소득집행 104−167의3−10)

> **참고** 조합원입주권 매도 시 계약서의 양도가액에 '청산금 수령권'이 포함된 경우

○ 원조합원(甲)이 조합원입주권을 매도할 때 매수자[승계조합원(乙)]에게 '청산금 수령권'을 포함하여 매도한 경우에도 양도소득세를 두 번 신고·납부해야 한다. 그 이유는 조합원입주권은 부동산을 취득할 수 있는 권리에 해당하여 잔금청산일이 양도시기가 되고, '청산금 수령권'은 종전 부동산의 분할양도로 보고 있기 때문에 소유권이전 고시일의 다음 날이 양도시기가 되어 각각의 양도시기가 다르기 때문이다.

○ 조합원입주권 매매계약서의 양도가액에 앞으로 받게 될 '청산금 수령액'이 포함되었다면, 그 금액만큼 차감한 금액을 원조합원(甲)의 조합원입주권 양도가액으로 보고 원조합원(甲)이 양도소득세를 계산하여 신고·납부하고, 추후에 청산금을 모두 수령한 후 원조합원(甲)이 '수령한 청산금'에 대한 양도소득세를 계산하여 신고·납부하여야 한다.

> **사례**

서울특별시 ○○구 ○○아파트의 재건축 사업이 진행 중인데, 2주택자인 甲이 보유하고 있던 종전 아파트의 평가액(10억원)이 신축 아파트의 분양가액(6억원)보다 높아서 그 차액(4억원)만큼 총 8회에 걸쳐 청산금 4억원을 지급받을 예정이다.

甲은 지급받을 청산금 중 5회분에 해당하는 2억 5천만원을 수령한 상태에서 조합원입주권을 乙에게 앞으로 수령할 3회분 청산금(1억 5천만원)과 프리미엄(2억)을 포함하여 9억 5천만원에 양도하였다.

기존 아파트의 평가액(조합원 권리가액)	10억원
신축주택 분양가액	6억원
수령한 청산금	2억 5천만원
미*수령 청산금	1억 5천만원
청산금 합계액	4억원

> **해설**

甲(원조합원)이 乙(승계조합원)에게 조합원입주권과 미수령한 3회분의 '청산금 수령권' 1억 5천만원을 함께 양도하였다 하더라도, 조합원입주권의 양도가액은 '청산금 수령권' 1억 5천만원을 제외한 8억원(분양가액 6억원 + 프리미엄 2억원)이 되고, 추후 청산금에 대한 잔금 청산이 이뤄지면 수령한 청산금(4억원)에 대해서 양도소득세 신고·납부를 한 번 더 해야 한다.

25. 승계조합원의 기본세율이 적용되는 조합원입주권 양도

한눈에 보는 양도소득세 Navi

양도부동산현황	취득의 유형	매매	증여	상속
	세대의 주택 수 (조합원입주권 포함)	1주택 ☑ 2주택 ☐ 3주택 이상 ☐		
	보유기간	2년 미만 ☐ 2년 이상 ☑ 3년 이상 ☐		
	취득시기	관리처분계획인가일 전[前] ☐ 관리처분계획인가일 후[後] ☑		
	분담금 납부	예 ☑ 아니요 ☐		
세금계산	1세대 1주택 비과세	예 ☐ 아니요 ☑		
	장기보유특별공제율	[표1] 6~30% ☐ [표2] 20~80% ☐ 미[未]적용 ☑		
	세율 (기본/단기/중과)	기본세율 ☑ 단기세율 ☐ 중과세율 ☐		

기본정보

(단위: 원)

	세대의 주택 수 (조합원입주권 포함)	1주택	조합원입주권 양도
양도	양도일자	2022. 05. 31	
	양도가액	2,000,000,000	
취득	취득일자	2019. 08. 31	
	취득가액	1,200,000,000	
필요경비		10,000,000	
관리처분계획인가	관리처분계획인가일	2018. 09. 03	
	추가 분담금 납부액	100,000,000	취득 후 납부금액
보유기간		2년	취득일부터~양도일까지

One Point 승계조합원의 조합원입주권 양도

① 양도차익의 계산

> **양도차익**
> = 조합원입주권의 양도가액 − (조합원입주권의 취득가액 + 분담금 납부액) − 필요경비

② 장기보유특별공제 적용 배제
　승계조합원의 조합원입주권을 양도할 때는 장기보유특별공제가 적용되지 않는다.

 **계산사례**

(단위: 원)

양도가액	취득가액 + 추가 분담금 납부액	2,000,000,000
취득가액		1,300,000,000
필요경비		10,000,000
양도차익		**690,000,000**
└ 비과세대상 양도차익		-
└ 과세대상 양도차익		690,000,000
장기보유특별공제	0%	-
양도소득금액		690,000,000
기본공제		2,500,000
과세표준		687,500,000
세율	기본세율	42%
누진공제		35,400,000
양도소득세 산출세액		253,350,000
개인지방소득세		25,335,000
총부담세액		278,685,000

(단위: 원)

양도소득세	개인지방소득세	총합계
253,350,000	25,335,000	278,685,000
2022. 7. 31까지 신고납부	2022. 9. 30까지 신고납부	

26. 승계조합원의 보유기간 2년 미만 조합원입주권 양도

🔍 한눈에 보는 양도소득세 Navi

양도부동산현황	취득의 유형	매매 ✓		증여		상속	
	세대의 주택 수 (조합원입주권 포함)	1주택 ✓	2주택 ☐		3주택 이상 ☐		
	보유기간	2년 미만 ✓	2년 이상 ☐		3년 이상 ☐		
	취득시기	관리처분계획인가일 전(前) ☐		관리처분계획인가일 후(後) ✓			
	분담금 납부	예 ✓	아니요 ☐				
세금계산	1세대 1주택 비과세	예 ☐	아니요 ✓				
	장기보유특별공제율	[표1] 6~30% ☐		[표2] 20~80% ☐		미(未)적용 ✓	
	세율 (기본/단기/중과)	기본세율 ☐	단기세율 ✓		중과세율 ☐		

📈 기본정보

(단위: 원)

양도	세대의 주택 수 (조합원입주권 포함)	1주택	조합원입주권 양도
	양도일자	2022. 05. 31	
	양도가액	2,000,000,000	
취득	취득일자	2020. 08. 01	
	취득가액	1,200,000,000	
필요경비		10,000,000	
관리처분계획인가	관리처분계획인가일	2018. 09. 03	
	추가 분담금 납부액	100,000,000	취득 후 납부금액
보유기간		1년	취득일부터 ~ 양도일까지

One Point 승계조합원의 보유기간 2년 미만 조합원입주권 양도 시 양도소득세율

보유기간	양도소득세율
1년 미만	70%
1년 이상 2년 미만	60%

 **계산사례**

(단위: 원)

양도가액	2,000,000,000
취득가액	1,300,000,000
필요경비	10,000,000
양도차익	**690,000,000**
└ 비과세대상 양도차익	–
└ 과세대상 양도차익	690,000,000
장기보유특별공제 0%	**–**
양도소득금액	690,000,000
기본공제	2,500,000
과세표준	687,500,000
세율 (단기세율 60%)	60%
누진공제	–
양도소득세 산출세액	412,500,000
개인지방소득세	41,250,000
총부담세액	453,750,000

※ 취득가액 = 취득가액 + 추가 분담금 납부액
※ 조합원입주권 보유 1년 이상 2년 미만

(단위: 원)

양도소득세	개인지방소득세	총합계
412,500,000	41,250,000	453,750,000
2022. 7. 31까지 신고납부	2022. 9. 30까지 신고납부	

27. 분담금을 납부한 원조합원의 신축주택[1세대 1주택 고가주택] 양도

한눈에 보는 양도소득세 Navi

	취득의 유형	매매	증여	상속
양도 부동산 현황	세대의 주택 수	1주택 ✓ 2주택 ☐ 3주택 이상 ☐		
	최종 1주택 2년 이상	예 ✓ 아니요 ☐		
	전체 보유기간	2년 미만 ☐ 2년 이상 ☐ 3년 이상 ✓		
	거주기간(종전 주택 + 신축주택)	2년 미만 ☐ 2년 이상 ✓		
	취득 시 조정대상지역	예 ☐ 아니요 ✓		
	취득시기	관리처분계획인가일 전(前) ✓ 관리처분계획인가일 후(後) ☐		
	분담금 납부	예 ✓ 아니요 ☐		
	관리처분계획인가일 후(後) 보유기간	3년 미만 ☐ 3년 이상 ✓		
	신축주택 거주기간	2년 미만 ☐ 2년 이상 ✓		
세금 계산	1세대 1주택 비과세	예 ✓ 아니요 ☐		
	종전 주택분 장기보유특별공제율	[표1] 6~30% ☐ [표2] 20~80% ✓ 미(未)적용 ☐		
	분담금 납부분 장기보유특별공제율	[표1] 6~30% ☐ [표2] 20~80% ✓ 미(未)적용 ☐		
	세율(기본/단기/중과)	기본세율 ✓ 단기세율 ☐ 중과세율 ☐		

기본정보

(단위: 원)

양도	세대의 주택 수	1주택	최종 1주택 이후 보유·거주기간 2년 충족
	양도일자	2022. 05. 31	
	양도가액	2,000,000,000	
취득	취득일자	2011. 07. 03	2017. 08. 02 이전 취득
	취득가액	500,000,000	
	종전 주택 필요경비	5,000,000	관리처분계획인가일 전(前) 발생분
관리처분 계획인가	관리처분계획인가일	2015. 09. 01	
	조합원권리가액	800,000,000	
	분담금 납부액	200,000,000	
	관리처분계획인가일 후(後) 필요경비	10,000,000	
보유 및 거주기간	전체 보유기간	10년	취득일부터 ~ 양도일까지
	관리처분계획인가일 후(後) 보유기간	6년	
	전체 거주기간	4년	종전 주택 + 신축주택
	신축주택 거주기간	2년	

계산사례

(단위: 원)

	관리처분계획인가일 전(前)	관리처분계획인가일 후(後)		합계
	종전 주택	종전 주택분(分)	분담금 납부분(分)	
양도가액	800,000,000	1,600,000,000	400,000,000	2,000,000,000
취득가액	500,000,000	800,000,000	200,000,000	700,000,000 500,000,000 + 200,000,000
필요경비	5,000,000	8,000,000	2,000,000	15,000,000
양도차익	295,000,000	792,000,000	198,000,000	1,285,000,000
└ 비과세대상 양도차익	177,000,000	475,200,000	118,800,000	771,000,000
└ 과세대상 양도차익	118,000,000	316,800,000	79,200,000	514,000,000
장기보유특별공제	56% 66,080,000	56% 177,408,000	32% 25,344,000	268,832,000
양도소득금액				245,168,000
기본공제				2,500,000
과세표준				242,668,000
세율			기본세율	38%
누진공제				19,400,000
양도소득세 산출세액				72,813,840
개인지방소득세				7,281,380
총부담세액				80,095,220

- 종전 주택 취득가액
- 관리처분계획인가일 후(後) 종전 주택분(권리가액)과 분담금 납부분(分)(추가분담금)으로 나눔
- 종전 주택분(分) 장기보유특별공제 (보유 10년, 거주 4년)
- 분담금 납부분(分) 장기보유특별공제 (보유 6년, 거주 2년)

(단위: 원)

양도소득세	개인지방소득세	총합계
72,813,840	7,281,380	80,095,220
2022. 7. 31까지 신고납부	2022. 9. 30까지 신고납부	

One Point 분담금을 납부한 원조합원의 신축주택(1세대 1주택 고가주택) 양도

1 1세대 1주택 비과세 판정 시 보유 및 거주기간의 산정

출자한 종전 부동산		종전 주택 기간	공사 기간	신축주택 기간
주택 + 부수토지	주택 + 부수토지	통산	통산	통산
	증가한 주택면적	통산	통산	통산
	증가한 토지면적	–	–	준공일부터 기산

○ 「도시 및 주거환경정비법」에 따른 재건축·재개발사업에 의해 취득하는 신축주택을 양도할 때 1세대 1주택 비과세 요건 중 보유기간 산정은 조합에 출자한 부동산의 형태에 따라 산정방법이 달라진다.

○ 거주기간은 보유한 기간 중에 실제 거주한 기간으로 산정한다.

2 분담금을 납부한 원조합원의 신축주택을 양도하는 경우 양도차익의 계산

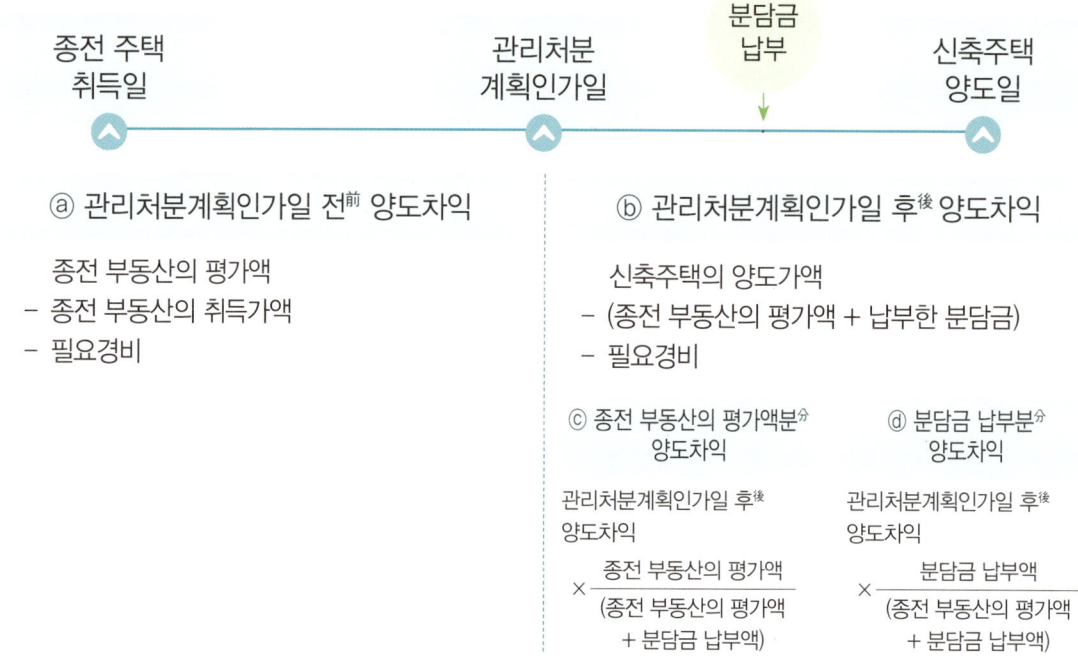

③ 분담금을 납부한 원조합원의 신축주택을 양도하는 경우 장기보유특별공제 적용

구 분	보유기간 산정	거주기간 산정	비고
종전 주택분⑪ 양도차익의 장기보유특별공제	종전 주택의 취득일부터 신축주택의 양도일까지	종전 주택의 실제 거주기간과 신축주택의 실제 거주기간 통산	
분담금 납부분⑪ 양도차익의 장기보유특별공제	관리처분계획인가일부터 양도일까지	신축주택의 실제 거주기간	신축주택의 거주기간이 2년 미만일 경우 장기보유특별공제율 표[1] (6~30%) 적용

○ 장기보유특별공제는 종전 주택과 분담금 납부분⑪의 보유기간이 다르기 때문에 각각의 양도차익에서 해당 공제율을 적용한 금액의 합계액(① + ②)으로 계산한다.

　① **종전 주택분⑪ 양도차익에서 장기보유특별공제액을 공제하는 경우**
　　종전 주택의 취득일부터 신축주택의 양도일까지의 보유기간에 대한 공제율을 적용하여 계산한 가액

　② **분담금 납부분⑪ 양도차익에서 장기보유특별공제액을 공제하는 경우**
　　관리처분계획인가일부터 양도일까지의 보유기간에 대한 공제율을 적용하여 계산한 가액

☐ 종전 주택에서는 2년 이상 거주했으나 신축주택에서는 2년 이상 거주하지 않은 경우에는 분담금 납부분⑪ 양도차익에 대해 「소득세법」 제95조 제2항 [표2](20~80%)에 따른 보유기간별 공제율을 적용하지 않는다. (사전법령해석재산 2020-38, 2020. 11. 23)

④ 분담금을 납부한 신축주택을 양도하는 경우 양도소득세율 적용

양도하는 주택에 대한 세율 적용을 위한 보유기간의 산정은 종전 주택과 분담금 납부분⑪을 별도로 구분하지 않고 종전 주택 취득일부터 양도일까지 전체 보유기간에 대한 세율을 적용한다.

28 분담금을 납부한 원조합원의 신축주택[중과세율 적용] 양도

🔍 한눈에 보는 양도소득세 Navi

	취득의 유형	매매	증여	상속
양도부동산현황	세대의 주택 수	1주택 ☐　2주택 ☑　3주택 이상 ☐		
	중과세 적용 제외 주택	예 ☐　아니요 ☑		
	전체 보유기간	2년 미만 ☐　2년 이상 ☐　3년 이상 ☑		
	거주기간(종전 주택 + 신축주택)	2년 미만 ☐　2년 이상 ☑		
	양도 시 조정대상지역	예 ☑　아니요 ☐		
	취득시기	관리처분계획인가일 전[前] ☑　관리처분계획인가일 후[後] ☐		
	분담금 납부	예 ☑　아니요 ☐		
세금계산	1세대 1주택 비과세	예 ☐　아니요 ☑		
	장기보유특별공제율	[표1] 6~30% ☐　[표2] 20~80% ☐　미[未]적용 ☑		
	세율(기본/단기/중과)	기본세율 ☐　단기세율 ☐　중과세율 ☑		

📈 기본정보

(단위: 원)

양도	세대의 주택 수	2주택	양도 주택은 중과세율 적용 대상
	양도일자	2022. 05. 31	양도 시 조정대상지역
	양도가액	2,000,000,000	
취득	취득일자	2011. 07. 03	
	취득가액	500,000,000	
	종전 주택 필요경비	5,000,000	관리처분계획인가일 전[前] 발생분
관리처분계획인가	관리처분계획인가일	2015. 09. 03	
	조합원권리가액	800,000,000	
	분담금 납부액	200,000,000	
	관리처분계획인가일 후[後] 필요경비	10,000,000	
보유 및 거주기간	전체 보유기간	10년 이상	취득일부터 ~ 양도일까지
	전체 거주기간	4년	

계산사례

(단위: 원)

	관리처분계획인가일 전(前)	관리처분계획인가일 후(後)		합계
	종전 주택	종전 주택분(分)	분담금 납부분(分)	
양도가액	800,000,000	1,600,000,000	400,000,000	2,000,000,000
취득가액	500,000,000	800,000,000	200,000,000	700,000,000
필요경비	5,000,000	8,000,000	2,000,000	15,000,000
양도차익	295,000,000	792,000,000	198,000,000	1,285,000,000
ㄴ 비과세대상 양도차익	–	–	–	–
ㄴ 과세대상 양도차익	295,000,000	792,000,000	198,000,000	1,285,000,000
장기보유특별공제	0%	–	–	–
양도소득금액				1,285,000,000
기본공제				2,500,000
과세표준				1,282,500,000
세율		기본세율 + 20%p		65%
누진공제				65,400,000
양도소득세 산출세액				768,225,000
개인지방소득세				76,822,500
총부담세액				845,047,500

※ 종전 주택 취득가액
※ 관리처분계획인가일 후(後) 종전 주택분(分)(권리가액)과 분담금 납부분(分)(추가분담금)으로 나눔
※ 중과세 대상 2주택 보유

(단위: 원)

양도소득세	개인지방소득세	총합계
768,225,000	76,822,500	845,047,500
2022. 7. 31까지 신고납부	2022. 9. 30까지 신고납부	

29 청산금을 수령한 원조합원의 신축주택[1세대 1주택 고가주택] 양도

🔍 한눈에 보는 양도소득세 Navi

	취득의 유형	매매	증여	상속
양도 부동산 현황	세대의 주택 수	1주택 ✔ 2주택 ☐ 3주택 이상 ☐		
	최종 1주택 2년 이상	예 ✔ 아니요 ☐		
	전체 보유기간	2년 미만 ☐ 2년 이상 ☐ 3년 이상 ✔		
	거주기간(종전 주택 + 신축주택)	2년 미만 ☐ 2년 이상 ✔		
	취득 시 조정대상지역	예 ☐ 아니요 ✔		
	취득시기	관리처분계획인가일 전前 ✔ 관리처분계획인가일 후後 ☐		
	청산금 수령	예 ✔ 아니요 ☐		
세금계산	1세대 1주택 비과세	예 ✔ 아니요 ☐		
	장기보유특별공제율	[표1] 6~30% ☐ [표2] 20~80% ✔ 미未적용 ☐		
	세율(기본/단기/중과)	기본세율 ✔ 단기세율 ☐ 중과세율 ☐		

📈 기본정보

(단위: 원)

양도	세대의 주택 수	1주택	최종 1주택 이후 보유기간 2년 충족
	양도일자	2022. 05. 31	
	양도가액	2,000,000,000	
취득	취득일자	2011. 07. 03	2017. 08. 02 이전 취득
	취득가액	500,000,000	
	종전 주택 필요경비	5,000,000	관리처분계획인가일 전前 발생분
관리처분 계획인가	관리처분계획인가일	2015. 09. 03	
	조합원권리가액	800,000,000	
	청산금 수령액	200,000,000	
	관리처분계획인가일 후後 필요경비	10,000,000	
보유 및 거주기간	전체 보유기간	10년	취득일부터 ~ 양도일까지
	전체 거주기간	4년	종전 주택 + 신축주택

🧮 계산사례

(단위: 원)

조합원권리가액 − 청산금수령분	관리처분계획인가일 전前	관리처분계획인가일 후後	합계
양도가액	600,000,000	2,000,000,000	2,000,000,000
취득가액	375,000,000 500,000,000 ×(800,000,000 − 200,000,000) ÷ 800,000,000	600,000,000 (800,000,000 − 200,000,000)	375,000,000 500,000,000 ×(800,000,000 − 200,000,000) ÷ 800,000,000
필요경비	3,750,000	10,000,000	13,750,000
양도차익	221,250,000	1,390,000,000	1,611,250,000
└ 비과세대상 양도차익	132,750,000	834,000,000	966,750,000
└ 과세대상 양도차익	88,500,000	556,000,000	644,500,000
장기보유특별공제	56% 49,560,000	56% 311,360,000	360,920,000
양도소득금액			283,580,000
기본공제			2,500,000
과세표준			281,080,000
세율		기본세율	38%
누진공제			19,400,000
양도소득세 산출세액			87,410,400
개인지방소득세			8,741,040
총부담세액			96,151,440

취득가액 공식: 종전주택 취득가액 × (조합원권리가액 − 청산금수령분) ÷ 조합원권리가액

장기보유특별공제: 보유 10년, 거주 4년

1세대 1주택 비과세: 양도차익 × 12억원 ÷ 양도가액

(단위: 원)

양도소득세	개인지방소득세	총합계
87,410,400	8,741,040	96,151,440
2022. 7. 31까지 신고납부	2022. 9. 30까지 신고납부	

One Point 청산금을 수령한 원조합원의 신축주택(1세대 1주택 고가주택) 양도

1 청산금을 수령한 원조합원의 신축주택을 양도하는 경우 양도차익의 계산

| 종전 주택 취득일 | 관리처분 계획인가일 | 청산금 수령 | 신축주택 양도일 |

ⓐ 관리처분계획인가일 전(前) 양도차익

[종전 부동산의 평가액
− 종전 부동산의 취득가액
− 필요경비]

$$\times \frac{(종전\ 부동산의\ 평가액\ -\ 청산금\ 수령액)}{종전\ 부동산의\ 평가액}$$

ⓑ 관리처분계획인가일 후(後) 양도차익

신축주택의 양도가액
− (종전 부동산의 평가액 − 청산금 수령액)
− 필요경비

종전 부동산에 대한 양도차익(ⓐ + ⓑ)

청산금을 수령한 원조합원의 신축주택을 양도하는 경우 양도차익
= ⓐ 관리처분계획인가일 전(前) 양도차익 + ⓑ 관리처분계획인가일 후(後) 양도차익

ⓐ 관리처분계획인가일 전(前) 양도차익
(종전 부동산의 평가액 − 종전 부동산의 취득가액 − 필요경비)

$$\times \frac{(종전\ 부동산의\ 평가액\ -\ 청산금\ 수령액^*)}{종전\ 부동산의\ 평가액}$$

ⓑ 관리처분계획인가일 후(後) 양도차익
신축주택의 양도가액 − (종전 부동산의 평가액 − 청산금 수령액*) − 필요경비

* 종전 부동산을 정비사업조합 등에 출자하고 그 대가로 신축주택과 청산금을 수령할 때 대가로 받은 청산금은 유상양도로서 양도소득세 과세대상이 된다. 따라서 신축주택에 대한 양도차익을 계산할 때 관리처분계획인가일 전(前)의 양도차익에서 종전 부동산의 평가액 중 청산금 수령액에 상당하는 양도차익을 차감하고, 관리처분계획인가일 후(後) 양도차익을 계산할 때 종전 부동산의 평가액에서 청산금 수령액을 차감한다.

수령한 청산금에 대한 양도차익

$$=\ 전체\ 양도차익^* \times \frac{청산금\ 수령액}{종전\ 부동산의\ 평가액}$$

* 전체 양도차익 = 종전 부동산의 평가액 − 종전 부동산의 취득가액 − 필요경비

참고. P96 · P100. 원조합원이 수령한 청산금

| 기본사례 | 청산금을 수령한 원조합원의 신축주택의 양도차익 |

①	종전 주택의 취득	취득일	20○○. ○○. ○○
		취득가액	5억원
②	종전 주택의 평가	관리처분계획인가일	20○○. ○○. ○○
		평가액	8억원
③	청산금 수령	수령한(받을) 청산금 합계	2억원
④	신축주택 양도	양도일	20○○. ○○. ○○
		양도가액	15억원

ⓐ 관리처분계획인가일 전前 양도차익

【(종전 주택의 평가액(8억원)
− 종전 주택의 취득가액(5억원)
− 필요경비(0원)】

$\times \dfrac{\text{【종전 주택의 평가액(8억원)} - \text{청산금 수령액(2억원)】}}{\text{종전 주택의 평가액(8억원)}}$

= 2.25억원

ⓑ 관리처분계획인가일 후後 양도차익

조합원입주권의 양도가액(15억원)
− 【종전 주택의 평가액(8억원) − 청산금 수령액(2억원)】
− 필요경비(0원)
= 9억원

청산금을 수령한 신축주택의 양도차익(11.25억원)
= ⓐ 관리처분계획인가일 전前 양도차익(2.25억원) + ⓑ 관리처분계획인가일 후後 양도차익(9억원)

2 청산금을 수령한 신축주택을 양도하는 경우 장기보유특별공제 적용

분담금 납부분分이 없기 때문에 전체 양도차익(관리처분계획인가 전前 양도차익 + 관리처분계획인가 후後 양도차익)은 종전 주택에 대한 양도차익에 해당하므로 장기보유특별공제 적용 시 보유기간은 취득일로부터 양도일까지의 기간으로 산정하고, 거주기간은 종전 주택과 신축주택에 실제 거주한 기간을 통산한다.

3 청산금을 수령한 신축주택을 양도하는 경우 양도소득세율 적용

전체 양도차익에 대해 종전 주택의 취득일부터 양도일까지의 보유기간에 대한 해당 세율을 적용한다.

30. 청산금을 수령한 원조합원의 신축주택[중과세율 적용] 양도

한눈에 보는 양도소득세 Navi

	취득의 유형	매매	증여	상속
양도부동산현황	세대의 주택 수	1주택 ☐ 2주택 ☑ 3주택 이상 ☐		
	중과세 적용 제외 주택	예 ☐ 아니요 ☑		
	전체 보유기간	2년 미만 ☐ 2년 이상 ☐ 3년 이상 ☑		
	양도 시 조정대상지역	예 ☑ 아니요 ☐		
	취득시기	관리처분계획인가일 전(前) ☑ 관리처분계획인가일 후(後) ☐		
	청산금 수령	예 ☑ 아니요 ☐		
세금계산	1세대 1주택 비과세	예 ☐ 아니요 ☑		
	장기보유특별공제율	[표1] 6~30% ☐ [표2] 20~80% ☐ 미(未)적용 ☑		
	세율(기본/단기/중과)	기본세율 ☐ 단기세율 ☐ 중과세율 ☑		

기본정보

(단위: 원)

양도	세대의 주택 수	2주택	양도 주택은 중과세율 적용 대상
	양도일자	2022. 05. 31	양도 시 조정대상지역
	양도가액	2,000,000,000	
취득	취득일자	2011. 07. 03	
	취득가액	500,000,000	
	종전 주택 필요경비	5,000,000	관리처분계획인가일 전(前) 발생분
관리처분 계획인가	관리처분계획인가일	2015. 09. 03	
	조합원권리가액	800,000,000	
	청산금 수령액	200,000,000	
	관리처분계획인가일 후(後) 필요경비	10,000,000	
보유 및 거주기간	전체 보유기간	10년	취득일부터 ~ 양도일까지
	전체 거주기간	4년	종전 주택 + 신축주택

📊 계산사례

(단위: 원)

	관리처분계획인가일 전(前)	관리처분계획인가일 후(後)	합계
양도가액	600,000,000	2,000,000,000	2,000,000,000
취득가액	375,000,000	600,000,000	375,000,000
필요경비	3,750,000	10,000,000	13,750,000
양도차익	221,250,000	1,390,000,000	1,611,250,000
└ 비과세대상 양도차익	-	-	-
└ 과세대상 양도차익	221,250,000	1,390,000,000	1,611,250,000
장기보유특별공제	-	-	-
양도소득금액			1,611,250,000
기본공제			2,500,000
과세표준			1,608,750,000
세율		기본세율 + 20%p	65%
누진공제			65,400,000
양도소득세 산출세액			980,287,500
개인지방소득세			98,028,750
총부담세액			1,078,316,250

관리처분계획인가일 전(前): (권리가액 − 취득가액 − 종전 주택 필요경비) × (권리가액 − 청산금수령액) / 조합원권리가액

관리처분계획인가일 후(後): 양도가액 − (권리가액 − 청산금 수령액) − 신축주택 필요경비

세율: 중과세 대상 2주택 보유

(단위: 원)

양도소득세	개인지방소득세	총합계
980,287,500	98,028,750	1,078,316,250
2022. 7. 31까지 신고납부	2022. 9. 30까지 신고납부	

II. 재건축·재개발 조합원입주권 및 신축주택

31. 분담금을 납부한 승계조합원의 신축주택 [1세대 1주택 고가주택] 양도

🔍 한눈에 보는 양도소득세 Navi

	취득의 유형	**매매**	증여	상속
양도부동산현황	세대의 주택 수	1주택 ☑ 2주택 ☐ 3주택 이상 ☐		
	최종 1주택 2년 이상	예 ☑ 아니요 ☐		
	신축주택 보유기간	2년 미만 ☐ 2년 이상 ☐ 3년 이상 ☑		
	거주기간	2년 미만 ☐ 2년 이상 ☑		
	취득 시 조정대상지역	예 ☑ 아니요 ☐		
	취득시기	관리처분계획인가일 전(前) ☐ 관리처분계획인가일 후(後) ☑		
	분담금 납부	예 ☑ 아니요 ☐		
세금계산	1세대 1주택 비과세	예 ☑ 아니요 ☐		
	장기보유특별공제율	[표1] 6~30% ☐ [표2] 20~80% ☑ 미(未)적용 ☐		
	세율(기본/단기/중과)	기본세율 ☑ 단기세율 ☐ 중과세율 ☐		

📈 기본정보

(단위: 원)

양도	세대의 주택 수	1주택	최종 1주택 이후 보유·거주기간 2년 충족
	양도일자	2022. 05. 31	
	양도가액	2,000,000,000	
취득	준공일	2018. 10. 01	취득 시 조정대상지역
	입주권 취득일자	2017. 10. 01	관리처분계획인가일 2015. 09. 03
	취득가액	800,000,000	
	추가 분담금 납부액	100,000,000	
필요경비		10,000,000	
보유 및 거주기간	보유기간	3년	신축주택 준공일부터 ~ 양도일까지
	거주기간	2년	

 **계산사례**

(단위: 원)

양도가액		2,000,000,000
취득가액	취득가액 + 추가분담금 납부액	900,000,000 (800,000,000 + 100,000,000)
필요경비		10,000,000
양도차익		**1,090,000,000**
└ 비과세대상 양도차익		654,000,000
└ 과세대상 양도차익		436,000,000
장기보유특별공제	20%	**87,200,000**
양도소득금액	보유 3년, 거주 2년	**348,800,000**
기본공제		2,500,000
과세표준		346,300,000
세율	기본세율	40%
누진공제		25,400,000
양도소득세 산출세액		113,120,000
개인지방소득세		11,312,000
총부담세액		124,432,000

(단위: 원)

양도소득세	개인지방소득세	총합계
113,120,000	11,312,000	124,432,000
2022. 7. 31까지 신고납부	2022. 9. 30까지 신고납부	

32. 분담금을 납부한 승계조합원의 신축주택[중과세율 적용] 양도

한눈에 보는 양도소득세 Navi

	취득의 유형	**매매**	증여	상속
양도 부동산 현황	세대의 주택 수	1주택 ☐　2주택 ☑　3주택 이상 ☐		
	중과세 적용 제외 주택	예 ☐　아니요 ☑		
	신축주택 보유기간	2년 미만 ☐　2년 이상 ☐　3년 이상 ☑		
	거주기간	2년 미만 ☐　2년 이상 ☑		
	양도 시 조정대상지역	예 ☑　아니요 ☐		
	취득시기	관리처분계획인가일 전前 ☐　관리처분계획인가일 후後 ☑		
	분담금 납부	예 ☑　아니요 ☐		
세금 계산	1세대 1주택 비과세	예 ☐　아니요 ☑		
	장기보유특별공제율	[표1] 6~30% ☐　[표2] 20~80% ☐　미未적용 ☑		
	세율(기본/단기/중과)	기본세율 ☐　단기세율 ☐　중과세율 ☑		

기본정보

(단위: 원)

양도	세대의 주택 수	2주택	양도 주택은 중과세율 적용 대상
	양도일자	2022. 05. 31	양도 시 조정대상지역
	양도가액	2,000,000,000	
취득	준공일	2018. 10. 01	
	입주권 취득일자	2017. 10. 01	관리처분계획인가일 2015. 09. 03
	취득가액	800,000,000	
	추가 분담금 납부액	100,000,000	
필요경비		10,000,000	
보유 및 거주기간	보유기간	3년	신축주택 준공일부터 ~ 양도일까지
	거주기간	2년	

 **계산사례**

(단위: 원)

양도가액	취득가액 + 추가 분담금 납부액	2,000,000,000
취득가액		900,000,000
		(800,000,000 + 100,000,000)
필요경비		10,000,000
양도차익		**1,090,000,000**
└ 비과세대상 양도차익		-
└ 과세대상 양도차익		1,090,000,000
장기보유특별공제	0%	-
양도소득금액		1,090,000,000
기본공제		2,500,000
과세표준	2주택 보유	1,087,500,000
세율	기본세율 + 20%p	65%
누진공제		65,400,000
양도소득세 산출세액		641,475,000
개인지방소득세		64,147,500
총부담세액		705,622,500

(단위: 원)

양도소득세	개인지방소득세	총합계
641,475,000	64,147,500	705,622,500
2022. 7. 31까지 신고납부	2022. 9. 30까지 신고납부	

One Point 분담금을 납부한 승계조합원의 신축주택 양도

1 승계조합원의 신축주택 양도 시 1세대 1주택 비과세 요건의 보유기간 기산일

승계조합원의 신축주택의 취득시기는 조합원입주권을 매입한 때가 아니라 신축주택의 준공일이기 때문에 준공일 이후에 2년 이상 보유하고, 조정대상지역에 소재한 주택이라면 2년 이상 거주해야 1세대 1주택 양도소득세 비과세를 적용받을 수 있다.

> **제목: 조합원입주권을 승계·취득하여 준공된 신축주택의 양도 시 보유기간의 기산일**
>
> 「소득세법 시행령」 제154조 제1항의 규정에 의한 1세대 1주택의 보유기간을 계산함에 있어 같은 법 제89조 제2항에서 규정한 조합원입주권을 승계·취득하여 준공된 신축주택을 양도하는 경우 보유기간의 기산일은 당해 신축주택의 준공일(같은 영 제162조 제1항 제4호의 규정에 의한 취득일을 말함)이 된다.(서면4팀-3417, 2006. 10. 11)

🚨 관리처분계획인가일 이후 주택과 부수토지를 취득한 경우

관리처분계획인가일 이후에 조합원입주권을 취득한 경우라면, 종전 주택이 멸실되기 전(前)에 주택과 부수토지의 매매형식으로 취득한다고 하더라도 조합원입주권의 취득으로 간주하여 승계조합원의 신축주택 양도 시 1세대 1주택 비과세 요건의 보유기간 산정은 신축주택의 준공일부터 양도일까지로 한다.

2 승계조합원의 신축주택에 대한 양도차익

승계조합원이 신축주택의 준공일(사용승인일) 이후 신축주택을 양도할 때 양도차익은 다음과 같이 계산한다.

> **승계조합원의 신축주택 양도차익**
> = 신축주택의 양도가액 − (조합원입주권 취득가액 + 분담금 납부액) − 필요경비

3 승계조합원의 신축주택에 대한 장기보유특별공제 적용

승계조합원의 신축주택에 대한 장기보유특별공제는 신축주택의 사용승인일부터 양도일까지 기간에 대하여 적용한다. 그 이유는 승계조합원의 신축주택의 취득시기는 조합원입주권을 취득한 때가 아니라 신축주택의 사용승인일이기 때문이다.

4 승계조합원의 신축주택에 대한 양도소득세율 적용

승계조합원의 신축주택 양도에 대한 양도소득세율을 적용하기 위한 보유기간 기산일은 조합원입주권을 매입한 시점이 아니라 신축주택의 준공일이 된다. 따라서 신축주택의 준공일로부터 2년 이내에 양도하는 경우에는 60~70%의 높은 단기양도세율이 적용된다는 점을 주의해야 한다.

신축주택 준공일 이후 보유기간	승계조합원의 신축주택 양도소득세율
1년 미만	70%
1년 이상 2년 미만	60%
2년 이상	기본세율(6~45%) 또는 중과세율[주]

주) 조정대상지역 다주택자에 해당하는 경우 중과세율(1세대 2주택: 기본세율 + 20%p, 1세대 3주택 이상: 기본세율 + 30%p) 적용한다.

33. 분담금을 납부한 승계조합원의 신축주택[단기양도소득세율 적용] 양도

한눈에 보는 양도소득세 Navi

	취득의 유형	매매	증여	상속
양도부동산현황	세대의 주택 수	1주택 ☐ 2주택 ☑ 3주택 이상 ☐		
	중과세 적용 제외 주택	예 ☐ 아니요 ☑		
	보유기간(신축주택)	2년 미만 ☑ 2년 이상 ☐ 3년 이상 ☐		
	거주기간	2년 미만 ☑ 2년 이상 ☐		
	양도 시 조정대상지역	예 ☑ 아니요 ☐		
	취득시기	관리처분계획인가일 전前 ☐ 관리처분계획인가일 후後 ☑		
	분담금 납부	예 ☑ 아니요 ☐		
세금계산	1세대 1주택 비과세	예 ☐ 아니요 ☑		
	장기보유특별공제율	[표1] 6~30% ☐ [표2] 20~80% ☐ 미적용 ☑		
	세율(기본/단기/중과)	기본세율 ☐ 단기세율 ☑ 중과세율 ☑		

기본정보

(단위: 원)

양도	세대의 주택 수	2주택	양도 주택은 중과세율 적용 대상
	양도일자	2022. 05. 31	양도 시 조정대상지역
	양도가액	2,000,000,000	
취득	준공일	2020. 10. 01	
	입주권 취득일자	2017. 10. 01	관리처분계획인가일 2015. 09. 03
	취득가액	800,000,000	
	추가 분담금 납부액	100,000,000	
필요경비		10,000,000	
보유 및 거주기간	보유기간	1년	신축주택 준공일부터 ~ 양도일까지
	거주기간	없음	

One Point 승계조합원의 신축주택에 대한 양도소득세율 적용

신축주택 준공일 이후 보유기간	승계조합원의 신축주택 양도소득세율
1년 미만	70%
1년 이상 2년 미만	60%

 **계산사례**

(단위: 원)

양도가액		2,000,000,000
취득가액	취득가액 + 추가분담금 납부액	900,000,000 (800,000,000 + 100,000,000)
필요경비		10,000,000
양도차익		**1,090,000,000**
└ 비과세대상 양도차익		–
└ 과세대상 양도차익		1,090,000,000
장기보유특별공제	0%	–
양도소득금액		**1,090,000,000**
기본공제		2,500,000
과세표준		1,087,500,000
세율	단기세율 60%	60%
누진공제	보유 1년 이상 2년 미만	–
양도소득세 산출세액		652,500,000
개인지방소득세		65,250,000
총부담세액		717,750,000

(단위: 원)

양도소득세	개인지방소득세	총합계
652,500,000	65,250,000	717,750,000
2022. 7. 31까지 신고납부	2022. 9. 30까지 신고납부	

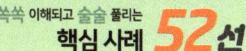

제 1 장
양도소득세 편篇

Ⅲ 주택분양권

34. 보유기간 1년 미만 주택분양권 양도

한눈에 보는 양도소득세 Navi

양도부동산현황	취득의 유형	**매매**	증여	상속
	부동산의 종류	주택분양권 ✓		
	보유기간	1년 미만 ✓　　1년 이상 ☐		
세금계산	세율(기본/단기/중과)	기본세율 ☐　　단기세율 ✓　　중과세율 ☐		

기본정보

(단위: 원)

양도	양도일자	2022. 05. 31
	양도가액	1,500,000,000
	취득일자	2021. 10. 01
	취득가액(프리미엄 포함)	1,000,000,000
필요경비		10,000,000
보유기간		1년 미만　　취득일부터 ~ 양도일까지

One Point 보유기간 1년 미만 주택분양권의 양도소득세율

주택분양권 보유기간	양도소득세율
1년 미만	70%

계산사례

(단위: 원)

양도가액	1,500,000,000
취득가액 (프리미엄 포함)	1,000,000,000
필요경비	10,000,000
양도차익	**490,000,000**
└ 비과세대상 양도차익	–
└ 과세대상 양도차익	490,000,000
장기보유특별공제 0%	–
양도소득금액	490,000,000
기본공제	2,500,000
과세표준	487,500,000
세율 (단기세율 70%)	70%
누진공제 (보유 1년 미만)	–
양도소득세 산출세액	341,250,000
개인지방소득세	34,125,000
총부담세액	375,375,000

(단위: 원)

양도소득세	개인지방소득세	총합계
341,250,000	34,125,000	375,375,000
2022. 7. 31까지 신고납부	2022. 9. 30까지 신고납부	

35 보유기간 1년 이상 주택분양권 양도

한눈에 보는 양도소득세 Navi

양도부동산현황	취득의 유형	**매매**	증여	상속
	부동산의 종류	주택분양권 ✓		
	보유기간	1년 미만 ☐ 1년 이상 ✓		
세금계산	세율(기본/단기/중과)	기본세율 ☐ 단기세율 ✓ 중과세율 ☐		

기본정보

(단위: 원)

양도	양도일자	2022. 05. 31
	양도가액	1,500,000,000
	취득일자	2018. 08. 01
	취득가액(프리미엄 포함)	1,100,000,000
필요경비		10,000,000
보유기간		3년 취득일부터 ~ 양도일까지

One Point 보유기간 1년 이상 주택분양권의 양도소득세율

주택분양권 보유기간	양도소득세율
1년 이상	60%

🧮 계산사례

(단위: 원)

양도가액		1,500,000,000
취득가액	취득가액(프리미엄 포함)	1,100,000,000
필요경비		10,000,000
양도차익		**390,000,000**
└ 비과세대상 양도차익		–
└ 과세대상 양도차익		390,000,000
장기보유특별공제	0%	–
양도소득금액		390,000,000
기본공제		2,500,000
과세표준		387,500,000
세율	단기세율 60%	60%
누진공제	보유 1년 이상	–
양도소득세 산출세액		232,500,000
개인지방소득세		23,250,000
총부담세액		255,750,000

(단위: 원)

양도소득세	개인지방소득세	총합계
232,500,000	23,250,000	255,750,000
2022. 7. 31까지 신고납부	2022. 9. 30까지 신고납부	

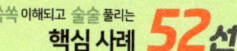

제 1 장

양도소득세 편(篇)

IV

상업용 건물·토지

36. 기본세율이 적용되는 상업용 건물[취득가액 불분명 사례] 양도

한눈에 보는 양도소득세 Navi

양도부동산현황	취득의 유형	**매매** ✓	증여	상속
	부동산의 종류	상업용 건물 ✓	사업용 토지 ✓	비사업용 토지 ☐
	보유기간	2년 미만 ☐	2년 이상 ☐	3년 이상 ✓
세금계산	장기보유특별공제율	[표1] 6~30% ✓		미적용 ☐
	세율(기본/단기/중과)	기본세율 ✓	단기세율 ☐	중과세율 ☐

기본정보

(단위: 원)

양도	부동산의 종류	상업용 건물, 토지	취득가액: 불분명
	양도일자	2022. 05. 31	양도 시 기준시가 정보
	양도가액(건물부가가치세 제외)	2,000,000,000	ⅰ) 토지 12억원 ⅱ) 건물 4억원
취득	취득일	2005. 08. 01	
	취득가액	환산취득가액 적용	취득 시 기준시가 정보 ⅰ) 토지 4.8억원 ⅱ) 건물 1.6억원
필요경비		필요경비개산공제	
보유기간		15년 이상	

추가정보

건물 및 토지를 일괄 취득하였는가?	예 ✓	아니요 ☐
양도계약서에 건물 및 토지 매매금액이 구분되어 있는가?	예 ☐	아니요 ✓

One Point 취득 시 실지거래가액을 확인할 수 없는 경우 환산취득가액 및 필요경비

환산취득가액	양도가액 × (취득 당시 기준시가 / 양도 당시 기준시가)
필요경비 (필요경비개산공제)	취득 당시 기준시가 × 3% (미등기 양도자산인 경우: 취득 시 기준시가 × 0.3%)

계산사례

(단위: 원)

	토지	건물	합계
양도가액	1,500,000,000	500,000,000	2,000,000,000
취득가액	600,000,000	200,000,000	800,000,000
필요경비	14,400,000	4,800,000	19,200,000
양도차익			1,180,800,000
└ 비과세대상 양도차익			–
└ 과세대상 양도차익			1,180,800,000
장기보유특별공제		30%	354,240,000
양도소득금액		보유 15년 이상	826,560,000
기본공제			2,500,000
과세표준			824,060,000
세율		기본세율	42%
누진공제			35,400,000
양도소득세 산출세액			310,705,200
개인지방소득세			31,070,520
총부담세액			341,775,720

- 양도가액을 양도 시 토지, 건물 기준시가로 안분
- 환산취득가: 양도가액 × (취득 시 기준시가 / 양도 시 기준시가)
- 환산취득가액 적용 시 필요경비는 취득 시 기준시가 × 3%

(단위: 원)

양도소득세	개인지방소득세	총합계
310,705,200	31,070,520	341,775,720
2022. 7. 31까지 신고납부	2022. 9. 30까지 신고납부	

기본세율이 적용되는 사업용 토지 양도

🔍 한눈에 보는 양도소득세 Navi

양도부동산현황	취득의 유형	**매매** ✓	증여	상속
	부동산의 종류	상업용 건물 ☐	사업용 토지 ✓	비사업용 토지 ☐
	보유기간	2년 미만 ☐	2년 이상 ☐	3년 이상 ✓
세금계산	장기보유특별공제율	[표1] 6 ~ 30% ✓	미적용 ☐	
	세율(기본/단기/중과)	기본세율 ✓	단기세율 ☐	중과세율 ☐

📋 기본정보

(단위: 원)

	부동산의 종류	사업용 토지
양도	양도일	2022. 05. 31
	양도가액	500,000,000
취득	취득일	2005. 01. 01
	취득가액	300,000,000
필요경비		10,000,000
보유기간		15년 이상

계산사례

(단위: 원)

양도가액		500,000,000
취득가액		300,000,000
필요경비		10,000,000
양도차익		**190,000,000**
└ 비과세대상 양도차익		–
└ 과세대상 양도차익	보유 15년 이상	190,000,000
장기보유특별공제	30%	**57,000,000**
양도소득금액		133,000,000
기본공제		2,500,000
과세표준		130,500,000
세율	기본세율	35%
누진공제		14,900,000
양도소득세 산출세액		30,775,000
개인지방소득세		3,077,500
총부담세액		33,852,500

(단위: 원)

양도소득세	개인지방소득세	총합계
30,775,000	3,077,500	33,852,500
2022. 7. 31까지 신고납부	2022. 9. 30까지 신고납부	

38 중과세율이 적용되는 비사업용 토지 양도

한눈에 보는 양도소득세 Navi

양도부동산현황	취득의 유형	매매	증여	상속
	부동산의 종류	상업용 건물 ☐	사업용 토지 ☐	비사업용 토지 ✓
	보유기간	2년 미만 ☐	2년 이상 ☐	3년 이상 ✓
세금계산	장기보유특별공제율	[표1] 6~30% ✓	미적용 ☐	
	세율(기본/단기/중과)	기본세율 ☐	단기세율 ☐	중과세율 ✓

기본정보

(단위: 원)

	부동산의 종류	비사업용 토지
양도	양도일	2022. 05. 31
	양도가액	500,000,000
취득	취득일	2018. 02. 01
	취득가액	250,000,000
필요경비		7,500,000
보유기간		4년

📊 계산사례

(단위: 원)

양도가액	500,000,000
취득가액	250,000,000
필요경비	7,500,000
양도차익	**242,500,000**
└ 비과세대상 양도차익	–
└ 과세대상 양도차익	242,500,000
장기보유특별공제 (보유 4년) 8%	**19,400,000**
양도소득금액	223,100,000
기본공제	2,500,000
과세표준	220,600,000
세율 (비사업용 토지 10%p 추가, 기본세율 + 10%p)	48%
누진공제	19,400,000
양도소득세 산출세액	86,488,000
개인지방소득세	8,648,800
총부담세액	95,136,800

(단위: 원)

양도소득세	개인지방소득세	총합계
86,488,000	8,648,800	95,136,800
2022. 7. 31까지 신고납부	2022. 9. 30까지 신고납부	

One Point 비사업용 토지 판단 절차

1 개요

비사업용 토지 여부의 판단은 지목별로 사실상 현황, 지역, 기간기준 등을 종합적으로 검토하여 결정한다. 이때 무조건 사업용 토지로 간주하는 별도 규정이 있으므로 해당 규정까지 충족 여부를 확인해야 최종적인 비사업용 여부를 판단할 수 있다.

2 판단 절차

1. 1단계: 지목 판단

① 토지의 사실상 현황을 검토하여 그 지목이 농지, 임야, 목장용지, 주택부수토지, 별장부수토지, 나대지, 잡종지 등에 해당하는지 판단한다.

② 사실상 현황이 명확하지 않다면 공부상 현황에 따라 판단한다.

2. 2단계: 무조건 사업용 토지 판단

① 토지의 지목 판단 결과 비사업용 분류가 가능한 지목에 해당하더라도 관련 법규를 충족하는 경우 무조건 사업용 토지로 판단한다.

② 다음 중 어느 하나에 해당하는 경우가 대표적인 무조건 사업용 토지이다.

ⓘ 직계존속 또는 배우자가 8년 이상 재촌·자경한 농지를 상속받아 양도하는 경우. 단, 양도 당시 「국토의 계획 및 이용에 관한 법률」에 따라 도시지역 내 토지는 제외 (소득령§168의14③1의2)

ⓘⓘ 협의매수 또는 수용되는 토지로서 사업인정고시일이 2006년 12월 31일 이전이거나 취득일이 사업인정고시일부터 5년 이전인 토지(소득령§168의14③3)

ⓘⓘⓘ 법정 농지(소득법§104의3①1호나목)로서, 종중이 2005년 말 이전에 취득하여 소유하고 있는 경우(소득령§168의14③4가목)

ⓘⱽ 법정 농지(소득법§104의3①1호나목)로서, 상속개시일로부터 5년 이내 양도하는 경우 (소득령§168의14③4나목)

🚨 2009년 3월 16일부터 2012년 12월 31일까지 취득하고 2년 이상 보유한 토지는 비사업용 토지에 해당하더라도 기본세율을 적용한다.(소득세법 부칙 법률 제9270호, 제14조)

3. 3단계: 비사업용 토지의 범위에 해당하는 기간기준 판단

지목별로 비사업용 토지의 범위(소득법§104의3①)에 해당하는 기간이 다음의 기간요건을 모두 충족하는 경우 비사업용 토지로 판단한다.(소득령§168의6)

기간 요건	토지 소유기간별		
	5년 이상	3년 이상 5년 미만	3년 미만
가	양도일 직전 5년 중 2년을 초과	소유기간에서 3년을 차감한 기간을 초과	소유기간에서 2년을 차감한 기간을 초과 (소유기간이 2년 미만 시 미적용)
나	양도일 직전 3년 중 1년을 초과	양도일 직전 3년 중 1년을 초과	
다	토지의 소유기간의 100분의 40 초과		

* 토지 소유기간별로 기간요건을 모두 충족하는 경우에 비사업용 토지로 판단한다.

③ 비사업용 토지에 적용되는 양도소득세 중과세율

보유기간	과세표준	세율		누진공제액
		기본세율	비사업용 토지 (기본세율 + 10%p)	
1년 미만	–	50%		–
1년~2년	–	40%		–
2년 이상	~1천 2백만원 이하	6%	16%	–
	~4천 6백만원 이하	15%	25%	1,080,000원
	~8천 8백만원 이하	24%	34%	5,220,000원
	~1억 5천만원 이하	35%	45%	14,900,000원
	~3억원 이하	38%	48%	19,400,000원
	~5억원 이하	40%	50%	25,400,000원
	~10억원 이하	42%	52%	35,400,000원
	~10억원 초과	45%	55%	65,400,000원

39. 상속받은 비사업용 토지[농지] 양도

한눈에 보는 양도소득세 Navi

	취득의 유형	매매	증여	상속
양도 부동산 현황	부동산의 종류	상업용 건물 ☐	사업용 토지 ☐	비사업용 토지 ☑
	상속취득 후 5년 이내 양도	예 ☑	아니요 ☐	
	피상속인 8년 이상 재경재촌	예 ☐	아니요 ☑	
	피상속인 취득일부터 보유기간	2년 미만 ☐	2년 이상 ☐	3년 이상 ☑
	상속개시일부터 보유기간	2년 미만 ☑	2년 이상 ☐	3년 이상 ☐
세금계산	장기보유특별공제율	[표1] 6~30% ☐	미적용 ☑	
	세율(기본/단기/중과)	기본세율 ☑	단기세율 ☐	중과세율 ☐

기본정보

(단위: 원)

	부동산의 종류	비사업용 토지	
양도	양도일	2022. 05. 31	
	양도가액	500,000,000	
취득	취득일	2021. 02. 01	피상속인의 취득일 2010. 01. 01
	취득가액	300,000,000	상속재산가액
필요경비		10,000,000	

One Point 상속받은 농지의 비사업용 토지 중과배제 판단 (소득령§168조14 3항)

① 직계존속 · 배우자가 8년 이상 재촌 · 자경한 농지 임야 및 목장용지를 상속받아 2008. 1. 1 이후 양도하는 경우
  단, 양도 당시 「국토의 계획 및 이용에 관한 법률」에 따른 도시지역(녹지지역 및 개발제한구역은 제외) 안의 토지는 제외
② 상속개시일로부터 5년 이내에 양도한 상속토지

 **계산사례**

(단위: 원)

양도가액	500,000,000
취득가액	300,000,000
필요경비	10,000,000
양도차익	**190,000,000**
└ 비과세대상 양도차익	-
└ 과세대상 양도차익	190,000,000
장기보유특별공제 (0%)	-
양도소득금액	190,000,000
기본공제	2,500,000
과세표준	187,500,000
세율 (기본세율)	38%
누진공제	19,400,000
양도소득세 산출세액	51,850,000
개인지방소득세	5,185,000
총부담세액	57,035,000

※ 과세대상 양도차익: 상속개시일로 보유기간 3년 미만
※ 과세표준: 피상속인 취득일로 보유 2년 이상

(단위: 원)

양도소득세	개인지방소득세	총합계
51,850,000	5,185,000	57,035,000
2022. 7. 31까지 신고납부	2022. 9. 30까지 신고납부	

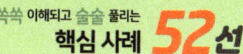

제 2 장
취득세 편篇

Ⅰ
주택

40. 1세대 1주택에 해당하는 주택의 유상 매수

🔍 한눈에 보는 취득세 Navi

취득부동산현황	취득의 유형	매매		증여		상속	
	세대의 주택 수	1주택 ✓	2주택 ☐	3주택 ☐		4주택 이상 ☐	
	전용면적	85㎡ 이하 ✓		85㎡ 초과 ☐			
	취득 시 조정대상지역	예 ✓		아니요 ☐			
세율	취득세율	1~3% ✓		8% ☐		12% ☐	
	농어촌특별세율	과세 ☐		비과세 ✓			

📋 기본정보 (단위: 원)

세대의 주택 수	1주택
취득일자	2022. 05. 31
취득가액	2,000,000,000
전용면적	85㎡ 이하

One Point 1세대 1주택에 해당하는 주택의 유상 매수의 경우 취득세

취득가액	전용면적	취득세율	지방교육세율	농특세율	합계
6억원 이하	국민주택규모 이하	1.0%	0.1%	–	1.1%
	국민주택규모 초과			0.2%	1.3%
6억원 초과 9억원 이하	국민주택규모 이하	1.0~3.0%^{주)}	0.1~0.3%	–	1.1~3.5%
	국민주택규모 초과			0.2%	
9억원 초과	국민주택규모 이하	3.0%	0.3%	–	3.3%
	국민주택규모 초과			0.2%	3.5%

주) Y(취득세율) = (취득가액 × 2/3억원 − 3) × $\frac{1}{100}$

 **계산사례**

(단위: 원)

취득금액	2,000,000,000
취득세율	3.00%
취득세	60,000,000
농어촌특별세율	0.00%
농어촌특별세	–
지방교육세율	0.30%
지방교육세	6,000,000
세율의 합계	3.30%
총부담세액	66,000,000

1세대 2주택에 해당하는 주택(조정대상지역 소재)의 유상 매수

한눈에 보는 취득세 Navi

취득 부동산 현황	취득의 유형	매매		증여	상속
	세대의 주택 수	1주택 ☐ 2주택 ☑	3주택 ☐		4주택 이상 ☐
	전용면적	85㎡ 이하 ☐	85㎡ 초과 ☑		
	중과세 적용 제외 주택	예 ☐ 아니요 ☑			
	취득 시 조정대상지역	예 ☑ 아니요 ☐			
세율	취득세율	1~3% ☐ 8% ☑	12% ☐		
	농어촌특별세율	과세 ☑ 비과세 ☐			

기본정보

(단위: 원)

세대의 주택 수	2주택
취득일자	2022. 05. 31 취득 시 조정대상지역
취득가액	1,500,000,000
주택공시가격(취득 시)	800,000,000
전용면적	85㎡ 초과

One Point 1세대 2주택(조정대상지역 소재)의 유상 매수의 경우 취득세

구 분	취득세	지방교육세	농어촌특별세	합계
조정대상지역 내의 1세대 2주택에 해당하는 주택의 유상 매수	8%	0.4%	비과세, 0.6%	8.4~9.0%

 **계산사례**

(단위: 원)

취득금액	1,500,000,000
취득세율	**8.00%**
취득세	120,000,000
농어촌특별세율	**0.60%**
농어촌특별세	9,000,000
지방교육세율	**0.40%**
지방교육세	6,000,000
세율의 합계	**9.00%**
총부담세액	135,000,000

42. 1세대 3주택에 해당하는 주택(조정대상지역 소재)의 유상 매수

한눈에 보는 취득세 Navi

취득부동산현황	취득의 유형	매매		증여		상속	
	세대의 주택 수	1주택 ☐	2주택 ☐	3주택 ☑		4주택 이상 ☐	
	전용면적	85㎡ 이하 ☐		85㎡ 초과 ☑			
	중과세 적용 제외 주택	예 ☐		아니요 ☑			
	취득 시 조정대상지역	예 ☑		아니요 ☐			
세율	취득세율	1~3% ☐		8% ☐		12% ☑	
	농어촌특별세율	과세 ☑		비과세 ☐			

기본정보

(단위: 원)

세대의 주택 수	3주택
취득일자	2022. 05. 31 취득 시 조정대상지역
취득가액	2,000,000,000
주택공시가격(취득 시)	800,000,000
전용면적	85㎡ 초과

One Point 1세대 3주택(조정대상지역 소재)의 유상 매수의 경우 취득세

구 분	취득세	지방교육세	농어촌특별세	합계
조정대상지역 내의 1세대 3주택에 해당하는 주택의 유상 매수	12%	0.4%	비과세, 1%	12.4~13.4%

 **계산사례**

(단위: 원)

취득금액	2,000,000,000
취득세율	**12.00%**
취득세	240,000,000
농어촌특별세율	**1.00%**
농어촌특별세	20,000,000
지방교육세율	**0.40%**
지방교육세	8,000,000
세율의 합계	**13.40%**
총부담세액	268,000,000

43. 1세대 3주택에 해당하는 주택(비ⁿ조정대상지역 소재)의 유상 매수

한눈에 보는 취득세 Navi

취득 부동산 현황	취득의 유형	매매	증여	상속
	세대의 주택 수	1주택 ☐　2주택 ☐　3주택 ☑　4주택 이상 ☐		
	전용면적	85㎡ 이하 ☐　　85㎡ 초과 ☑		
	중과세 적용 제외 주택	예 ☐　　아니요 ☑		
	취득 시 조정대상지역	예 ☐　　아니요 ☑		
세율	취득세율	1~3% ☐　　8% ☑　　12% ☐		
	농어촌특별세율	과세 ☑　　비과세 ☐		

기본정보 (단위: 원)

세대의 주택 수	3주택
취득일자	2022. 05. 31　취득 시 비ⁿ 조정대상지역
취득가액	800,000,000
주택공시가격	500,000,000
전용면적	85㎡ 초과

One Point 1세대 3주택(비ⁿ조정대상지역 소재)의 유상 매수의 경우 취득세

구 분	취득세	지방교육세	농어촌특별세	합계
조정대상지역 외ⁿ의 1세대 3주택에 해당하는 주택의 유상 매수	8%	0.4%	비과세, 0.6%	8.4~9.0%

 **계산사례**

(단위: 원)

취득금액	**800,000,000**
취득세율	**8.00%**
취득세	64,000,000
농어촌특별세율	**0.60%**
농어촌특별세	4,800,000
지방교육세율	**0.40%**
지방교육세	3,200,000
세율의 합계	**9.00%**
총부담세액	72,000,000

44. 1세대 4주택에 해당하는 주택(비조정대상지역 소재)의 유상 매수

한눈에 보는 취득세 Navi

취득부동산현황	취득의 유형	매매	증여	상속
	세대의 주택 수	1주택 ☐ 2주택 ☐ 3주택 ☐ 4주택 이상 ☑		
	전용면적	85㎡ 이하 ☐ 85㎡ 초과 ☑		
	중과세 적용 제외 주택	예 ☐ 아니요 ☑		
	취득 시 조정대상지역	예 ☐ 아니요 ☑		
세율	취득세율	1~3% ☐ 8% ☐ 12% ☑		
	농어촌특별세율	과세 ☑ 비과세 ☐		

기본정보

(단위: 원)

세대의 주택 수	4주택
취득일자	2022. 05. 31 취득 시 비조정대상지역
취득가액	800,000,000
주택공시가격	500,000,000
전용면적	85㎡ 초과

One Point 1세대 4주택(비조정대상지역 소재)의 유상 매수의 경우 취득세

구 분	취득세	지방교육세	농어촌특별세	합계
조정대상지역 외의 1세대 4주택에 해당하는 주택의 유상 매수	12%	0.4%	비과세, 1.0%	12.4~13.4%

 **계산사례**

(단위: 원)

취득금액	**800,000,000**
취득세율	**12.00%**
취득세	96,000,000
농어촌특별세율	**1.00%**
농어촌특별세	8,000,000
지방교육세율	**0.40%**
지방교육세	3,200,000
세율의 합계	**13.40%**
총부담세액	107,200,000

45. 중과 대상 제외 주택의 유상 매수

한눈에 보는 취득세 Navi

취득 부동산 현황	취득의 유형	매매	증여	상속
	세대의 주택 수	1주택 ☐ 2주택 ☐ 3주택 ☐		4주택 이상 ☑
	전용면적	85㎡ 이하 ☑ 85㎡ 초과 ☐		
	중과세 적용 제외 주택	예 ☑ 아니요 ☐		
	취득 시 조정대상지역	예 ☑ 아니요 ☐		
세율	취득세율	1~3% ☑ 8% ☐ 12% ☐		
	농어촌특별세율	과세 ☐ 비과세 ☑		

기본정보

(단위: 원)

세대의 주택 수	4주택	
취득일자	2022. 05. 31	취득 시 조정대상지역
취득가액	300,000,000	
주택공시가격	90,000,000	주택공시가격 1억원 이하
전용면적	85㎡ 이하	

 **계산사례**

(단위: 원)

항목	값
취득금액	300,000,000
취득세율	**1.00%**
취득세	3,000,000
농어촌특별세율	**0.00%**
농어촌특별세	–
지방교육세율	**0.10%**
지방교육세	300,000
세율의 합계	**1.10%**
총부담세액	3,300,000

One Point 취득세 계산 시 '세대의 주택 수' 산정 제외 및 중과세율 적용 제외 주택

1 취득세 계산 시 '세대의 주택 수' 산정 제외 주택

번호	구 분	주택 수 산정 제외
①	주택공시가격(지분이나 부속토지만을 취득한 경우에는 전체 주택의 공시가격)이 1억원^{주)} 이하인 주택 다만, 정비구역으로 지정·고시된 지역 또는 사업시행구역에 소재하는 주택은 제외 주) 1세대의 주택 수를 산정할 때는 산정일 현재 기준 주택공시가격	O
②	노인복지주택으로 운영하기 위하여 취득하는 주택	O
③	지정문화재 또는 등록문화재에 해당하는 주택	O
④	가정어린이집으로 운영하기 위하여 취득하는 주택	O
⑤	재개발사업 부지확보를 위해 멸실시킬 목적으로 취득하는 주택	O
⑥	주택시공자가 공사대금으로 받은 미분양주택	O
⑦	농어촌주택으로서 ⅰ) 대지면적이 660㎡ 이내이고 건축물의 연면적이 150㎡ 이내일 것 ⅱ) 건축물의 시가표준액이 6천 500만원 이내일 것 ⅲ) 법이 정한 지역에 소재할 것	O
⑧	사원에 대한 임대용으로 직접 사용할 목적으로 취득하는 주택으로서 1구의 건축물의 연면적(전용면적)이 60㎡ 이하인 공동주택	O
⑨	상속개시일부터 5년이 지나지 않은 주택, 조합원입주권, 주택분양권, 오피스텔 *상속받은 주택분양권 또는 조합원입주권이 주택으로 전환된 경우에는 5년이 경과하지 않더라도 주택 수에 포함	O
⑩	주택 수 산정일 현재 시가표준액(지분이나 부속토지만을 취득한 경우에는 전체 건축물과 그 부속토지의 시가표준액)이 1억원 이하인 오피스텔	O

2 취득세 계산 시 중과세율 적용 제외 주택

번호	구 분	중과세율 적용 제외
①	주택공시가격(지분이나 부속토지만을 취득한 경우에는 전체 주택의 공시가격)이 1억원^{주)} 이하인 주택 다만, 정비구역으로 지정·고시된 지역 또는 사업시행구역에 소재하는 주택은 제외 주) 1세대의 주택 수를 산정할 때는 산정일 현재 기준 주택공시가격	O
②	노인복지주택으로 운영하기 위하여 취득하는 주택	O
③	지정문화재 또는 등록문화재에 해당하는 주택	O
④	가정어린이집으로 운영하기 위하여 취득하는 주택	O
⑤	재개발사업 부지확보를 위해 멸실시킬 목적으로 취득하는 주택	O
⑥	주택시공자가 공사대금으로 받은 미분양주택	O
⑦	농어촌주택으로서 ⅰ) 대지면적이 660㎡ 이내이고 건축물의 연면적이 150㎡ 이내일 것 ⅱ) 건축물의 시가표준액이 6천 500만원 이내일 것 ⅲ) 법이 정한 지역에 소재할 것	O
⑧	사원에 대한 임대용으로 직접 사용할 목적으로 취득하는 주택으로서 1구의 건축물의 연면적(전용면적)이 60㎡ 이하인 공동주택	O
⑨	상속개시일부터 5년이 지나지 않은 주택, 조합원입주권, 주택분양권, 오피스텔 *상속받은 주택분양권 또는 조합원입주권이 주택으로 전환된 경우에는 5년이 경과하지 않더라도 주택 수에 포함	상속주택 2.8%·0.8% 상속오피스텔 2.8%
⑩	주택 수 산정일 현재 시가표준액(지분이나 부속토지만을 취득한 경우에는 전체 건축물과 그 부속토지의 시가표준액)이 1억원 이하인 오피스텔	4%

생애 최초 주택의 유상 매수

🔍 한눈에 보는 취득세 Navi

취득 부동산 현황	취득의 유형	매매		증여		상속	
	세대의 주택 수	1주택 ✓	2주택 ☐	3주택 ☐		4주택 이상 ☐	
	전용면적	85㎡ 이하 ✓		85㎡ 초과 ☐			
	중과세 적용 제외 주택	예 ☐		아니요 ✓			
	취득 시 조정대상지역	예 ✓		아니요 ☐			
세율	취득세율	1~3% ✓		8% ☐		12% ☐	
	농어촌특별세율	과세 ☐		비과세 ✓			

📊 기본정보
(단위: 원)

세대의 주택 수	1주택
취득일자	2022. 05. 31 취득 시 비非수도권지역
취득가액	300,000,000
전용면적	85㎡ 이하
세대 합산 소득	7천만원 이하
세대의 전입	3개월 이내
사후관리	3년 거주

One Point 생애 최초 주택 구입 취득세 감면 제도

감면대상자(세대 기준)	혼인 여부 또는 연령과 관계없이 생애 최초 주택 구입
주택가액	• 수도권: 4억원 • 비非수도권: 3억원
주택면적	면적 제한 없음
감면율	• 1억 5천만원 이하 주택: 100% • 4억원(비非수도권은 3억원) 이하의 주택: 50%
소득기준	세대 합산 7천만원 이하
전입요건	취득일로 3개월 이내
사후관리	3년 거주

 **계산사례**

(단위: 원)

항목		금액/비율
취득금액		300,000,000
취득세율		**1.00%**
취득세		3,000,000
취득세 감면세액	생애 최초 주택취득세감면 1억 5천만원 초과 50%	1,500,000
취득세 납부세액		1,500,000
농어촌특별세율		**0.00%**
농어촌특별세		-
지방교육세율		**0.10%**
지방교육세		300,000
세율의 합계(감면율 반영)		**0.60%**
총부담세액		1,800,000

47 취득세율 중과 대상 주택의 증여

🔍 한눈에 보는 취득세 Navi

취득 부동산 현황	취득의 유형	매매	증여 ☑	상속
	증여자 세대의 주택 수	1주택 ☐	2주택 ☑ 3주택 ☐	4주택 이상 ☐
	면적	85㎡ 이하 ☑	85㎡ 초과 ☐	
	중과세 적용 제외 주택	예 ☐	아니요 ☑	
	취득 시 조정대상지역	예 ☑	아니요 ☐	
	증여자와의 관계	배우자·직계존비속 ☑	그 외 ☐	
	주택공시가격 3억원 이상	예 ☑	아니요 ☐	
세율	취득세율	3.5% ☐	12% ☑	
	농어촌특별세율	과세 ☐	비과세 ☑	

📌 기본정보

(단위: 원)

증여자 세대의 주택 수		2주택
증여일자		2022. 05. 31
증여대상 주택	소재지(증여 시)	조정대상지역
	주택공시가격	500,000,000
	주택면적	85㎡ 이하
증여자와의 관계	증여자	부모(父母)
	수증자	자녀(子女)

One Point 증여로 취득하는 주택의 취득세

구 분		취득세	지방교육세	농어촌특별세	합계
조정대상지역 내의 주택 증여	1세대 1주택[주1]	3.5%	0.3%	비과세, 0.2%	3.8~4.0%
	1세대 2주택 이상[주2]	12%	0.4%	비과세, 1.0%	12.4~13.4%
조정대상지역 외의 주택 증여		3.5%	0.3%	비과세, 0.2%	3.8~4.0%

주1) 1세대 1주택자가 소유한 주택을 배우자 또는 직계존비속에게 증여하는 경우
주2) 증여자 기준 1세대 2주택 이상 다주택자가 조정대상지역 내 주택공시가격 3억원 이상의 주택을 증여하는 경우

 **계산사례**

(단위: 원)

취득금액	500,000,000
취득세율	12.00%
취득세	60,000,000
농어촌특별세율	0.00%
농어촌특별세	–
지방교육세율	0.40%
지방교육세	2,000,000
세율의 합계	12.40%
총부담세액	62,000,000

48. 취득세율 중과 대상 외^外 주택의 증여

한눈에 보는 취득세 Navi

취득 부동산 현황	취득의 유형	매매	증여 ✓		상속
	증여자 세대의 주택 수	1주택 ☐	2주택 ☑	3주택 ☐	4주택 이상 ☐
	전용면적	85㎡ 이하 ☑	85㎡ 초과 ☐		
	중과세 적용 제외 주택	예 ☑	아니요 ☐		
	취득 시 조정대상지역	예 ☑	아니요 ☐		
	증여자와의 관계	배우자·직계존비속 ☑	그 외 ☐		
	주택공시가격 3억원 이상	예 ☐	아니요 ☑		
세율	취득세율	3.5% ☑	12% ☐		
	농어촌특별세율	과세 ☐	비과세 ☑		

기본정보

(단위: 원)

증여자 세대의 주택 수		2주택
증여일자		2022. 05. 31
증여대상 주택	소재지(증여 시)	조정대상지역
	주택공시가격	200,000,000 주택공시가격 3억원 미만
	주택면적	85㎡ 이하
증여자와의 관계	증여자	부모(父母)
	수증자	자녀(子女)

One Point 취득세율 중과 대상 외^外 주택·상업용건물·토지의 증여 시 취득세

취득 유형	취득세	지방교육세	농어촌특별세	합계
증여 취득세율 중과 대상 외^外 주택·상업용건물·토지의 증여	3.5%	0.3%	비과세, 0.2%	3.8~4.0%

 **계산사례**

(단위: 원)

취득금액	200,000,000
취득세율	**3.50%**
취득세	7,000,000
농어촌특별세율	**0.00%**
농어촌특별세	–
지방교육세율	**0.30%**
지방교육세	600,000
세율의 합계	**3.80%**
총부담세액	7,600,000

49. 1주택 이상 소유자의 주택 상속

🔍 한눈에 보는 취득세 Navi

취득 부동산 현황	취득의 유형	매매	증여	**상속** ✓
	전용면적	85㎡ 이하 ☐	85㎡ 초과 ✓	
	상속인의 주택 유무	무주택 ☐	유주택 ✓	
세율	취득세율	0.8% ☐	2.8% ✓	
	농어촌특별세율	과세 ✓	비과세 ☐	

📋 기본정보

(단위: 원)

상속인의 주택 수	1주택
상속 개시 일	2022. 05. 31
주택공시가격	400,000,000
전용면적	85㎡ 초과

One Point 상속인이 상속받는 주택의 취득세

취득 유형		취득세	지방교육세	농어촌특별세	합계
상속	유주택자 세대	2.8%	0.16%	비과세, 0.2%	2.96~3.16%
	무주택자 세대	0.8%	0.16%	비과세	0.96%

 **계산사례**

(단위: 원)

취득금액	400,000,000
취득세율	2.80%
취득세	11,200,000
농어촌특별세율	0.20%
농어촌특별세	800,000
지방교육세율	0.16%
지방교육세	640,000
세율의 합계	3.16%
총부담세액	12,640,000

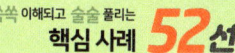

제 2 장

취득세 편篇

II

주택 외까

50 업무용·주거용 오피스텔의 유상 매수

한눈에 보는 취득세 Navi

취득 부동산 현황	취득의 유형	매매	증여	상속
	부동산의 종류	업무용·주거용 오피스텔 ✓		
세율	취득세율	4% ✓		
	농어촌특별세율	과세 ✓ 비과세 ☐		

기본정보

(단위: 원)

취득 부동산의 종류	오피스텔
취득일	2022. 05. 31
취득가격	400,000,000

One Point 업무용·주거용 오피스텔의 유상매수 시 취득세

취득 유형 및 물건		취득세	지방교육세	농어촌특별세	합계
매매	업무용·주거용 오피스텔	4%	0.4%	0.2%	4.6%

 **계산사례**

(단위: 원)

취득금액	400,000,000
취득세율	**4.00%**
취득세	16,000,000
농어촌특별세율	**0.20%**
농어촌특별세	800,000
지방교육세율	**0.40%**
지방교육세	1,600,000
세율의 합계	**4.60%**
총부담세액	18,400,000

51. 취득세 감면대상 주거용 오피스텔의 유상 매수(최초 분양)

한눈에 보는 취득세 Navi

취득부동산현황	취득의 유형	매매(분양)	증여	상속
	부동산의 종류	업무용 · 주거용 오피스텔 ☑		
	전용면적	60㎡ 이하 ☑ 60㎡ 초과 ☐		
	임대주택등록감면요건충족	예 ☑ 아니요 ☐		
	감면율	100% ☑		
세율	취득세율	4% ☑		
	농어촌특별세율	과세 ☑ 비과세 ☐		

기본정보

(단위: 원)

취득 부동산의 종류	오피스텔
취득일	2022. 05. 31 최초 분양
취득가격	400,000,000
오피스텔 전용면적	60㎡ 이하
임대사업자	임대주택등록 • 장기임대 10년 • 지방자치단체와 세무서에 등록 (취득일로 60일 이내)
사후관리	임대료 증액 제한

 **계산사례**

(단위: 원)

항목	설명	금액/세율
취득금액		400,000,000
취득세율		**4.00%**
취득세		16,000,000
취득세 감면액	임대주택 취득세 감면(100%)	16,000,000
취득세 납부세액	최소 납부세액(감면세액의 15%)	2,400,000
농어촌특별세율		**0.20%**
농어촌특별세		800,000
지방교육세율		**0.40%**
지방교육세		1,600,000
세율의 합계(감면율 적용)		**1.20%**
감면율 적용 후 총부담세액		4,800,000

One Point 등록 임대주택 취득 시 취득세 감면 요건

다음의 요건을 모두 갖춘 임대주택은 취득세가 100% 감면된다. 단, 최소납부세액제도에 의해 감면대상 취득세가 200만원을 초과하는 경우 감면세액의 15%를 납부한다.

구 분	요 건
① 기본요건	• 공동주택(연립주택, 다세대주택)을 건축하는 경우 • 공동주택(연립주택, 다세대주택) 및 오피스텔을 최초로 분양받은 경우
② 면적요건	전용면적 60㎡ 이하
③ 가액요건	최초 분양받은 경우 취득 당시의 가격 6억원(수도권 밖 3억원) 이하
④ 임대기간	장기임대 10년 이상
⑤ 임대료 증액 제한	• 종전 임대료(임대보증금과 월임대료 포함)의 5% 이내 • 임대차계약 또는 약정한 임대료의 증액이 있은 후 1년 이내에는 증액 불가
⑥ 등록요건	취득일로부터 60일 이내에 지방자치단체에 임대주택으로 등록

💡 「주택법」 제2조 2호 단독주택에 해당하는 단독주택, 다중주택, 다가구주택은 임대주택 취득 시 취득세 감면대상이 아니다.

2 등록 임대주택 취득 시 취득세 감면 및 최소납부세액 적용 사례

수도권에 소재하고 있는 전용면적 60㎡에 해당하는 오피스텔을 분양가액 4억원에 최초로 분양받아 취득일로부터 60일 이내에 관할 지방자치단체에 장기일반민간임대주택으로 등록할 경우 납부해야 할 취득세액

1단계
- 오피스텔의 취득가액 4억원에 해당하는 취득세: 1,600만원(4억원 × 4%)

▼

2단계
- 전용면적 60㎡ 이하 & 분양가액 6억원(수도권 밖 3억원) 이하인 오피스텔을 최초로 분양받아 장기일반민간임대주택으로 등록하면 취득세 100% 감면

▼

3단계
- 감면대상 취득세가 200만원을 초과하므로 최소납부세액제도가 적용되어 감면세액(1,600만원)의 15%에 해당하는 240만원 납부

52 상업용 건물 및 토지의 유상 매수

🔍 한눈에 보는 취득세 Navi

취득부동산현황	취득의 유형	매매	증여	상속
	부동산의 종류	건물 · 토지 ☑		
세율	취득세율	4% ☑		
	농어촌특별세율	과세 ☑ 비과세 ☐		

📈 기본정보
(단위: 원)

취득 부동산의 종류	건물 · 토지
취득일	2022. 05. 31
취득가격	2,000,000,000

One Point 상업용 건물 및 토지를 유상 매수하는 경우의 취득세

취득 유형 및 물건		취득세	지방교육세	농어촌특별세	합계
매매	상업용 건물 및 토지	4%	0.4%	0.2%	4.6%

 **계산사례**

(단위: 원)

취득금액	2,000,000,000
취득세율	**4.00%**
취득세	80,000,000
농어촌특별세율	**0.20%**
농어촌특별세	4,000,000
지방교육세율	**0.40%**
지방교육세	8,000,000
세율의 합계	**4.60%**
총부담세액	92,000,000

저자소개

양정훈
現, 세무법인 충정 부대표
現, ㈜아티웰스 수석자문위원
前, 삼성화재 FP센터 세무자문위원 역임
前, SK텔레콤 금융포탈팀 기획 담당 역임
前, 한국금융연수원 자격검정시험 출제위원 역임

이나영
現, 시옷택스 대표세무사
現, ㈜아티웰스 자문위원
前, 세무법인 충정 근무
숙명여대 졸업

조근열
現, 세무법인 이화 강서지점 대표세무사
現, ㈜아티웰스 자문위원
前, 세무법인 프라임 근무
前, 한국투자저축은행 부동산PF(Project Financing) / 재무관리 담당 역임
서울대 농경제사회학부 및 동대학원 석사

고현경
現, 세무회계 대교 대표세무사
現, 서울특별시 서대문구 부동산가격공시위원회 위원
現, 서울특별시 서대문구 지방세심의위원회 위원
現, ㈜아티웰스 자문위원
前, 세무법인 대교 근무

부동산 세금 Navi
쏙쏙 이해되고 술술 풀리는 핵심 사례 **52선**

초판 1쇄 인쇄 2022년 03월 01일
초판 1쇄 발행 2022년 03월 15일

　　지은이 양정훈, 이나영, 조근열, 고현경

　　　편집 이다겸
　　디자인 이상은
　　마케팅 이주미
　　　기획 이선구

　　　펴낸이 하혜승
　　　펴낸곳 ㈜열린길
　　출판등록 제2022-000020호
　　　　주소 서울특별시 성북구 보문로 37길 15, 201호
　　　　전화 02-929-5221
　　　　팩스 02-3443-5233
　　　이메일 gil-design@hanmail.net

ISBN 979-11-978093-0-9 03320

* 셀리몬은 ㈜열린길의 출판 브랜드입니다.

* 책값은 뒤표지에 있습니다.

* 이 도서의 국제표준 도서번호(ISBN)는 국립중앙도서관 서지정보유통지원시스템 홈페이지(http://seoji.go.kr)에서 이용할 수 있습니다.

* 이 책은 저작권법에 따라 보호받는 저작물이므로 무단전재와 무단복제를 금지하며, 이 책 내용의 전부 또는 일부를 이용하려면 반드시 저작권자의 동의를 받아야 합니다.